# やりたいことを全部やってみる

ストレスフリーな生き方を叶える方法

米山彩香
Ayaka Yoneyama



SOGO HOREI PUBLISHING CO., LTD

はじめに

# 「成功できない人」の7つの特徴

突然ですが、あなたには「やりたいこと」がありますか?

「自分のお店を開きたい」
「海外に住んでみたい」
「英語を話せるようになりたい」
「会社を辞めて投資だけで生活したい」
「いまより痩せてキレイになりたい」
「素敵な男性と結婚したい」

人それぞれ、いろんな「やりたいこと」があると思います。

私の「やりたいこと」は、自分の好きなことを仕事にして、好きなときに旅に出ること。時間的にも、精神的にも自由で、ストレスのない生活。死ぬときに「あれをやっていない、これもやっていない」と後悔することのない人生を送ることです。

かつて月収20万円のアラサー会社員だった私は、「そんな夢のような生活、あり得ない」と信じ込んでいました。

ところが、ある出会いをきっかけに、これから本書でお伝えするようなことを実践していったら、たった半年で夢が「現実」に変わったのです。


私はいまインターネットビジネスを中心に、月に7ケタの収入を得ています。一日の実働時間は長くても2時間。自宅で空いた時間にできる仕事です。

好きなときに、美味しいものを食べ、エステや料理教室に通い、愛犬とのんびり散歩に出かけ、思い立ったら海外へ旅に出て、心から尊敬できる人や大切な人に囲まれて生きる。本当に幸せな日々を過ごせるようになりました。

そうして私は、この幸せをより多くの人にシェアしたいと考えるようになりました。自分ひとりで幸せになるより、みんなで幸せになったほうがいい。そうすれば自分ももっと幸せになれると思ったのです。

そのために、自分がどのようにして成功したのか、私のノウハウをみなさんにシェアする「起業塾」を始めました。これまで日本全国、数百名の塾生さんに指導を行なってきました。その経験を通して、わかったことがあります。

それは「成功できない人」には共通点があるということです。
私なりに分析すると、次の7つに集約されます。

## ①すぐにやらない人

私の周りの成功している人たちは、「これは」と思うものに出会ったら、すぐにやってみます。とにかく動き出すスピードが速い。

ところが、なかなか成功できない人は、せっかくのチャンスに出会っても「ちょっと様子を見よう」「いまは忙しいから、また今度」などと言って、せっかくのチャンスを逃してしまいます。その結果、「この1年間、何もやりませんでした」「何も変わりませんでした」となりがちなのです。

## ②やりたいことが漠然としている人

いろんな人から「起業したい」という相談を受けることがあります。ところが、そうした人たちに「起業して、どんなことをしたいの?」と尋ねてみると、ちゃんと答えられない人がほとんどです。

インスタグラマーやブロガーなのか、クラウドソーシングなのか、FX（外国為替証拠金取引）なのか、ハンドメイドの物販なのか。起業の方法やツールはたくさんあるはずなのに、そもそもどんな選択肢があるかも知らないのです。

自分が何をやりたいのか、何ができるのか。それを知るために情報収集をすることもなく、漠然としたまま「起業したい」と考えていても、成功は遠いでしょう。

## ③ひとりで抱え込んでいる人

あなたの職場にもいませんか？　仕事を他人に任せることができず、いつも自分ひとりで抱え込んで苦しんでいる人。

成功できない人には、他人に相談したり、お願いしたりすることが苦手な傾向があります。ひとりで行き詰まっている場合が多い。余計なプライドは捨てて、知らないこと、できないことを「恥ずかしい」と考えるのはやめましょう。

誰だって最初はできない、知らない、で当たり前。みんなに相談して、助け合えばいいのです。同じ目標を持った人が集まる学びの場や、コミュニティに積極的に参加してみましょう。

## ④「ここまでやったんだから」と、後戻りできない人

ひとつのことだけをずっとやり続けて成功した人を、私は見たことがありません。いまをときめくZOZOの前澤《まえざわ》友作《ゆうさく》社長も、かつてはバンド活動や輸入レコードの販売など、いまの事業とは直接関係ないことをいろいろとしていたそうです。

やっていて、これは芽が出ないなと思ったら、損する前にあっさり切ってしまうこと。もしくは思い切って方向転換して、いろんなことにチャレンジしてみること。成功するためには、「後戻りする勇気」が欠かせません。

## ⑤準備が完璧でないと実行しない人

①の「すぐにやらない人」と似ているのですが、何かを始める前に、準備に時間をかけ過ぎている人もよくいます。

起業を目指して、会計の本を読んで、マーケティングのセミナーに参加して、人事の資格を取って……と準備に余念がない。一見、良いことのようですが、そうしているだけでも、あっという間に時間は経ってしまいます。

成功している人は、ある程度情報を集めたら、実践しながら学んでいきます。早く

始めたほうが早く結果も出て、モチベーションも落ちません。そうしてどんどん成長していけるのです。

## ⑥自分のやり方がいちばんだと思い込んでいる人

成功する人は「素直な人」です。逆に、「我が強い人」「謙虚さに欠ける人」は、絶対に失敗します。

もちろん、いまの自分に満足しているなら構いません。でも、現状を変えたいのであれば、「私は間違っていた」という考えを持つことが必要不可欠です。

なぜなら、いままでの考え方、いままでの行動の結果が、その人のいまの収入、いまの人生をつくっているからです。いったんいままでの自分を否定しなければ、先に進むことはできないのです。

## ⑦想定外の出来事に対処できない人

新しいことを始めると、想定外の出来事が次々に起こります。いままでとは違うことに挑戦しているのですから、当然です。

そんなときに、どうしていいかわからなくなって、それより前に進めなくなってしまう人が多い。

私もいまのビジネスを始めたころは、物事が計画どおりに進まないことがよくありました。そうしたときは、すぐに誰かに相談したり、解決方法を調べたりするように心がけていました。

③の「ひとりで抱え込んでいる人」とも重なってきますが、焦らず冷静に対処すれば、たいていのトラブルは解決できるものです。うまくいかないことがあったとき、悶々《もんもん》と考えていても答えは出てきません。とにかく打てる手を打つことが大切なのです。

ここまで読まれて、いかがでしょうか？

「これって私のこと？」

「耳が痛い！」

そんなふうに感じた人もいるかもしれません。

でも、安心してください。成功できていない人のほとんど、99パーセントは、自分がこの「7つの特徴」に当てはまっていることに、気づいていません。みんな、何となく「変わりたい」と思いながら、ずっと同じ場所で足踏みし続けているのです。

気づけただけで、あなたはもうすでに一歩を踏み出しています。あとは一歩一歩前に進んで行けばいいだけです。

あなたがいまいる所から脱出するための方法を、すべてこの本に書きました。あとは行動していく姿勢さえ忘れなければ、必ず世の中の「上位1パーセント」、本物の成功者の仲間入りができます。

理想の世界は、もう目の前です。

すでに「やりたいこと」がある人はもちろん、まだ「やりたいこと」が見つかっていない人も、ぜひこの本を読み進めてください。きっと理想の人生を手に入れるためのファーストステップになるはずです。

さあ、準備はいいですか?

私と一緒に、「やりたいこと」を全部やる人生にしていきましょう。

Contents

## 第2章 いますぐ行動する人だけが成功する

第3章

# 夢を叶える「6カ月プログラム」

第4章

# 最速で理想に近づく「ＰＤＣＡサイクル」



第5章

# これからの女子のお金の考え方

ブックデザイン　藤塚尚子（e to kumi）
図表・DTP　横内俊彦
校正　池田研一

# 第1章

# 誰でも「なりたい自分」になれる

# 傍《ぼう》観《かん》者《しゃ》から卒業しよう

## やりたいことを全部やるには

私の本やブログを読んで起業塾に来てくださる方は、みなさんまじめで、頑張り屋です。忙しい中、わざわざ時間をつくって足を運ぶという行動を起こしている時点で、自分の欲しいものを手に入れる力を持っている方なのだと思います。

ただその中には、「頭の中がお花畑」になってしまっている方もいます。目をキラキラさせながら、「起業して、成功して、みんなを幸せにするんだ」というようなお話をされます。

それ自体は素晴らしいことだと思いますが、こういう方に、具体的に何をしたいのか、いまどんな取り組みをしているのか聞くと、はっきりと答えられないことが多い。もちろん、ポジティブに物事を考えることは悪いことではありません。けれど、**情報を集めて必要なスキルを学び、実際に行動しなければ、いつまで経っても現状は変わりません。**「やりたいことがはっきりしていない」「何をしたらいいかわからない」という人は、自分が情報不足、勉強不足だとわかっていません。

まずはそこに気づいてもらうことがスタートです。そのために、私自身が常に学ぶ姿勢でいることを心がけています。その姿を見て、「夢を叶えた人がいまでもこれだけ勉強しているんだから、自分も頑張らないと！」という気持ちになってもらえたらいいなと思います。

一方で、**ちゃんと勉強しているし、情報も集めているけど、いまいち成長できない人もいます。そういう人は、たいてい「傍観者」になっています。**つまり、いま自分がやるべきことに夢中になりきれていない。

もちろん、俯瞰《ふかん》して全体を眺めることも必要です。ただ、引き過ぎてしまって、「みんな頑張っているな」「私は私だから……」と、自分から蚊帳《かや》の外に出てしまったらアウトです。成功しようと決心したのですから、「自分も周りと同じペースでやるぞ」という気持ちで飛び込まなければいけません。

◆**わからなかったら、どんどん人に聞く**
◆**わかったフリをしない**
◆**みずから進んで輪の中に入っていく**

これが**「やりたいこと」を全部やれるようになるための最短距離**です。

私がこのことの大切さに気づいたのは、大学生のときでした。理系の大学で、周りの人たちはみんな学びに対して貪欲でした。授業中はどんどん質問するし、授業が終わってからも教授の部屋に行って、わからないことをとことん聞いていました。授業以上の学びを得ようとしていたわけです。

こうした積極性が、当時の私にはありませんでした。まさに自分だけ蚊帳の外にいるようでした。

なぜそうなってしまったのか？

おそらく原因は、高校生のころ、周囲に、頑張っている人のことを「かっこ悪い」「まじめぶっている」と馬鹿にする雰囲気があったからだと思います。いつの間にか私も、頑張らないフリをすることが当たり前になっていました。いま考えると、環境の力は怖いなと思います。

大学生になって学ぶことの大切さを知って以来、私は頑張ることを恥ずかしく思わなくなりました。わからないことは人に聞いて、頑張っている人の輪に積極的に入っていく。すると、どんどん新しい知識や情報が飛び込んでくるようになったのです。勉強も自然と楽しくなっていきました。

これはビジネスでも同じだと思います。**「傍観者」をやめれば好循環が生まれる**ことを、知っておいてください。

## 自分の「当たり前」を疑う

私たちの考え方は、環境によって大きく左右されます。

自分が「普通」だと思っていることは、本当に正しいのか？

「当たり前」だと思い込まされているだけではないのか？

成功するためには、まず、**自分が置かれている環境の「当たり前」を疑う**ことが、とても大切です。

みなさんは、「働く女子」と聞くと、どのようなライフスタイルを思い浮かべるでしょうか。

毎朝7時に起きて、満員電車に乗って通勤。
オフィスで9時から18時まで働く。
昼休みは12時から1時間。
月給は手取りで20万円。
休みは土曜、日曜と祝日。ゴールデンウィークや年末年始の連休を楽しみに……。

「そんなの当たり前でしょ」と思ったでしょうか？　そうだとしたら、置かれている環境の「当たり前」を疑うことができなくなっている証拠です。言い換えれば、環境に「洗脳されている」と表現できるかもしれません。

相対性理論を発表したアルベルト・アインシュタイン博士も、次のような言葉を残しています。

「常識とは、18歳までに身につけた偏見のコレクションのことをいう」

あなたが**「常識」だと信じていることも、ただの「偏見」に過ぎないかもしれません。**

私はもう何年も、満員電車に乗っていません。起床は10時。働くのは、午後から、長くても2時間です。それでも十分な収入を得ています。気が向いたときに1週間くらいまとめて休みを取って、海外旅行に出かけています。

これがいまの私にとっての「当たり前」です。

以前、会社員だったころは、そんな世界があると思っていませんでした。4回も転職を繰り返しましたが、それも、会社に勤めるのが「当たり前」だという発想から抜け出せなかったからです。

振り返ると、大学生のときもそうでした。就職活動をして、どこかの企業で働くのが当たり前で、それ以外の選択肢は見えていなかった。新卒で大手電機メーカーに入社したのも、恥ずかしながら、「有名な会社だったから」以上の理由はありませんでした。

そんな**私を変えたのは、いまの自分の目標となる人との出会い**でした。その人はインターネットでビジネスをしながら、世界中を旅していました。会社員では考えられない額の収入を得ながら、ライフスタイルは自由そのものでした。

「私の『当たり前』は、どうやら『当たり前』ではなかったらしい」と気づいたときが、いまの人生に切り替わるターニングポイントだった気がします。

私が大学に入るまで、頑張っている人のことを「かっこ悪い」としか考えられなかったように、いまいる環境の「当たり前」を疑うのは難しいことです。まして、それを変えることはほぼ不可能です。

でも幸いなことに、**私たちはもう大人です。環境を自分で選ぶことができます。**

**現状に満足している、慣れてしまっていると思ったら、自分とは違う生き方をしている人に触れてみましょう。**私が塾をやっている理由のひとつは、インターネット上のやりとりだけでなく、実際に会ってコミュニケーションできる場をみなさんに提供したいと思っているからです。

# まずは目標を見つける

## 「どんな自分になりたいか」が大切

　私は大手電機メーカーに勤めていたころ、弁理士の勉強をしていました。弁理士とは、知的財産を扱うプロフェッショナル。メーカーが新しい技術を開発したとき、特許を取得するために欠かせない存在です。

　勉強するに当たって、私はまず、「期限」を設定しました。そうしないと怠けてしまうと思ったからです。目標は「2年後に弁理士の試験に合格」。そのためにやるべきことを逆算して、計画を立てました。

　ここまでは順調でした。でも、なぜか意欲が湧かないのです。「今日はやるぞ」と思っても、途中で飽きてしまう。気づいたら別のことをしている。そうしているうちに、あっという間に2年経ってしまいました。結局、試験にも落ちてしまいました。

「2年後の合格」という目標に向かって、きちんと計画を立てたのに、なぜうまくいかなかったのか？　いまならその理由が、はっきりわかります。

それは、**そもそも目標の立て方が間違っていた**からです。「2年後の合格」は本来の目標ではありません。その先にある目標を叶えるための手段であって、過程に過ぎないのです。

**本当の目標は、もっと先にあります。**

- ◆将来、どんな女性になりたいのか？
- ◆どんなライフスタイルを送りたいのか？
- ◆何を大事にする人生にしたいのか？

こうした問いに真剣に向き合って初めて、「本当の目標」が見えてきます。**「生き方」のレベルで、大きなゴールを考える必要がある**のです。

私にとっての「やりたいこと」は、好きなことを仕事にして、好きなときに旅に出ることでした。毎日何にも縛られずに、自由で、ストレスのない生活をして、死ぬときに「やりきった」と思えるような人生。それこそが、本当の目標でした。

いま考えると、この「本当の目標」を達成するために、弁理士の資格は必要ありません。勉強にも身が入らないはずです。心の奥にいる自分が、「そんなことをしていても意味がないよ。間違った方向に進んでいるよ」と教えてくれていたのだと思います。

**間違った方向に進んで時間をムダにしないために、大切なのは、正しい「目標設定」**です。「一流レストランのシェフになる」といったように、具体的に決める必要はありません。むしろ、「美味しい料理で人を笑顔にしたい」というような、ふわっとしたイメージのほうがいい。

なぜなら、**ガチガチに目標を決めてしまうと、それを叶えるルートが制限されてしまう**からです。

たとえば、「3年以内に司法試験に合格して、どこかの弁護士事務所に入って、5年勤めたら独立して、貧困問題を解決するために事務所を構える」。そんな目標を立てたとしましょう。この目標を叶えるために通る最初のルートは、たったひとつ。「司法試験に合格すること」しかありません。それでは失敗したときのリスクが大き過ぎます。「貧困問題を解決したい」なら、弁護士でなくてもいいかもしれません。ＮＰＯを立ち上げてもいいし、ジャーナリストになってペンの力を振るうこともできる。公務員になって、福祉の最前線で働くこともできます。

それなら、目標は「貧しい人を助ける人になりたい」とするべきです。

そして、**重要なのは、いまの自分とかけ離れた「妄想」はしない**こと。私は音楽が大好きですが、さすがに「歌手になって紅白歌合戦に出たい」という目標は、最初から無理だとわかります。壮大な夢物語ではなく、「できるかもしれない」という直感を大切に、目標を設定してください。

目標を考えるときに重要なポイントをもうひとつ。

それは**職業や収入を目標にしない**ことです。「あの仕事に就《つ》きたい」「これくらいの年収が欲しい」ではなく、「どんな自分になりたいか」「どんな生活を送りたいか」から目標を決めること。

これを間違ってしまう人が多い。**あなたの人生の目標は、数字や肩書で片づけられるほど、つまらないものではありません。**仕事や収入なんかで自分の人生を限定せずに、もっと自由に、大きな発想で考えるようにしましょう。


改めてお尋ねします。あなたが目標とするのは、どんな自分ですか？

「好きなときに休暇を取れる自分」

「自分のお店で美味しいコーヒーを淹《い》れている自分」

「旦那さんと自然あふれる土地で幸せに暮らしている自分」

どんなことでも構いません。ページをめくる手を止めて、ちょっと考えてみてください。

## 「やりたくないこと」から目標を探す

すぐに目標が見つからない人は**「したいこと」ではなく「したくないこと」から考えてみる**のも良い方法です。

「スーツを着たくない」「コンビニ弁当を食べたくない」「子どもを保育園に預けたくない」など、何でも構いません。

私の場合、「満員電車に乗ること」が、「したくないこと」のナンバーワンでした。会社員時代は、千葉の実家から都内の勤務先まで、片道1時間くらいかけて通っていました。いちばん混雑している時間帯の通勤だったので、人波にもまれて、会社に着くころにはもうヘトヘトでした。

そんなある日、駅のホームに並んでいるサラリーマンの人たちを見て、ふと、「自分は20年後、こうなっていたいだろうか?」と思いました。もちろん、サラリーマンが悪いと言いたいわけではありません。ただ、自分が一生こうありたいかと考えたら、そうではないと思ったのです。

「満員電車に乗らなくていい生活がしたい」

小さなことのように思われるかもしれませんが、これだって立派な目標のひとつです。

では、満員電車に乗らない生活のためには何をすればいいか。そう考えていくと、達成する手法はいくらでも思いつきます。

好きな時間に出社できる仕事や自宅でできる仕事を探してもいい。田舎に移住する選択もある。結婚して専業主婦になる道だってあります。私は起業を選びましたが、もし起業に失敗しても、ほかにいろんな選択肢が残っていると思えば、ストレスも感じません。

**あなたのやりたくないことは何ですか？**

ここでまた少し、時間を取って考えてみてください。

会社員時代を振り返ると、こういうことを考える余裕すらなかったな、と思います。目の前の仕事をこなすのに精いっぱいで、何もしないまま、あっという間に毎日が過ぎていました。

みなさんも同じだと思います。なので、ちょっと無理をしてでも、一日の中に「考える時間」をつくってみましょう。

「この時間に目標を考える」と決めるのです。たとえば夜、寝る前に1分でいいから、**「1年後、10年後もいまの自分のままでいいのか？」**と自問してみる。「自分は今日一日、どんなことにワクワクし、どんなことに違和感を覚えたか？」と振り返ってみる。その中から、あなたの「やりたいこと」「やりたくないこと」が見えてくるかもしれません。

# 「ロールモデル」を見つけよう

## 自分で探さなければ見つからない

ここまでお伝えしてきたように、自分の頭の中だけで考えていても、「やりたいこと」を見つけられない人もいるでしょう。「やりたいことがわからない」「何となく方向性が見えてきても、それが本当に正しいのか自信がない」そういう人のほうが多いかもしれません。

そんな人に私がおすすめしているのは、**「ロールモデル」を見つけること**です。ロールモデルとは、あなたの理想像のこと。私自身、ある人と出会って初めて、自分の目標がはっきりしました。

私の起業塾にいらっしゃる方の多くも、インターネットなどで私のことを知って、「本当はこういう人生を送りたかったんだ」と気づいたと言います。

インターネットを見ていたら、たまたま、米山彩香《よねやまあやか》という人を見つけた。ブログやTwitterを覗くと、一日にたった2時間働くだけでたくさんの収入を得ているらしい。そして、好きなときに、好きな人と、好きな場所で働いて、自由に旅をしているらしい。自然と、私と同じように「自由に旅がしたい」「会社を辞めて自分でビジネスがしたい」という方が多く集まります。だからこそ、より具体的なアドバイスができますし、塾生さんも自分の目標を叶えるために何が必要なのかを、イメージできるのだと思います。

**あなたのロールモデルは、Instagramの中にいるかもしれないし、本を書いている人かもしれません。**誰かに紹介されることもあるし、いま勤めている会社にいることもあります。

私の場合は、インターネット、特にTwitterを使ってロールモデル探しをしました。「副業」で検索して、出てきたアカウントのつぶやきをひたすら読んでいました。

いずれにしても、**ロールモデルは待っているだけでは現れません。自分から探しに行くことが大事**です。

自分に合ったロールモデルは、自分に合う服を見つけるときのように、直感でわかります。あまり複雑に考えなくていいと思います。「あの人みたいに生きたいな」と、雰囲気でやりたいことが見えてきて、自分が同じような生活をするためには、どんな方法があるのかと調べていく。そうすればだんだんと「なりたい自分」の姿がはっきりしてくるのです。

## 「ロールモデル」は何人いてもOK

ロールモデルを追う過程で、**ロールモデルと「なりたい自分」はイコールではなくなります。**完全に「この人と同じになりたい」という相手はいないでしょうし、なりたい自分になるために、成長しなければいけない部分はたくさん見つかるからです。

そうなったら、**ロールモデルは何人つくってもオーケー**です。

私の場合、ビジネスの分野では、FacebookだったらAさん、InstagramだったらB

さん、YouTubeだったらCさん、というように、分野ごとに細かく設定しています。ビジネス以外の各分野にも、英会話だったらDさん、料理だったらEさん、というように、たくさんのロールモデルがいます。

私はいまダイエット教室に通っていて、そこではある先生をロールモデルにしています。

ダイエットも、「糖質制限がいちばんだ」「いや、それより運動が大事だ」など、いろんな情報があふれています。失敗する人ほど、次々といろんな方法に手を出して、どれも長続きしません。

でも、**ロールモデルができると、「一体どれをやればいいの!?」と迷走したり、回り道をしたりすることがなくなります。**この人の言うとおりにやればいい、と決めることで、いろんな情報に振り回されることがなくなるわけです。情報を集める時間もぐっと減ります。

こうやって、目指すべき方向が決まってくれば、「本当にこの道で正しいのか?」などと迷うことがなくなるので、結果的にストレスも減ります。時間的にも、精神的にも、ロールモデルがいるメリットは大きいのです。

私はダイエットに関して、教室の先生の言うとおりにしています。先生が「水を飲みなさい」と言えば、とにかく水を飲みます。これは「盲信する」こととはまったく違います。目標への最短距離を進むためのテクニックです。「その人の言うとおりに動いてみる」とルール化することで、効率良く前に進むことができるのです。

それに、もし**「この人は違うな」と思うことがあれば、ロールモデルを変えたっていい。**「ロールモデルを決めたら変えてはいけない」というルールはありません。もともと直感で選んだのですから、違和感が出てきたらすぐに別の人を探せばいいのです。「はじめに」でお伝えしたように、ときには後戻りする勇気も必要なのです。

ただし、**目標は一度決めたら簡単に変えてはいけません。**目標にたどり着くまでの手法や過程はいくらでも変えていいのですが、目標そのものをコロコロ変えていると、いつまで経っても理想の生き方はできません。

たとえば、「心にゆとりのある人生」を目標にしていたのに、急に、「バリバリ働いて成功する人生」を目標にする人がいます。「あれも、これも」と欲張りたい気持ちはわかりますが、何かを得るためには、ときに何かを捨てる決断も必要です。

「この目標は絶対に変わらない」
そう確信できるまで、よくよく自分に問いかけることが大切でしょう。

## 「憧れの人」の何に憧れているのか

ロールモデルが見つからない人には、こんな質問をしています。

**「あなたの憧れの人は誰ですか？」**

芸能人でも、インスタグラマーでも、起業家でも構いません。あなたがいちばん憧れる人を思い浮かべてください。自然と心惹かれて、「こうなりたい」と思える人です。好きな人や尊敬する人ではなく、「憧れる人」というのがポイントです。好きというのは、その人の良いところも悪いところも全てを受け入れている状態であり、その人があなたの理想像ではない場合もあります。また、尊敬するというのは、自分ができないことをやっているところを見て、「すごいなあ」と思う気持ちです。憧れと似てはいますが、必ずしもその人のようになりたいかといえば、そうでもありません。
ただシンプルに「こうなれたらいいな」という感覚が大事です。できるだけ、いまの自分とはかけ離れた存在を選びましょう。そのほうが、より自分を成長させることができます。

選んだら、**なぜその人に憧れるのか**を、考えてみてください。

**◆自由な生活をしているから**

**◆世界中を旅しているから**

**◆スタイルが良くてキレイだから**

思いつくままに書き出してみてください。ここでも、職業や収入で考えないようにしましょう。

そうして**「憧れの人」がどんな毎日を過ごしているのか**、想像してみてください。好きな仕事でバリバリ働いているのか、素敵なマンションで旦那さんと優雅に暮らしているのか、たくさんの有名人を招いて豪華なパーティーをしているのか。

そこからさらに、細かいところを想像していきます。住んでいるのはどんなマンションか、何時くらいからどこで仕事をしているのか、どんなブランドの服やアクセサリーを身につけてパーティーに行くのか、パーティーにはどんな有名人が来ているのか……。

そこまで考えてみると、自分がその人の何に憧れているのかが、はっきりしてくるのではないでしょうか。それがこのワークの目的です。

**自分が何に憧れるのかがわかれば、それを実現している人を探して、ロールモデルにすることができます。**直感で探そうとしても、「あの人はどうだろう」「いや、この人はどうだろう」と迷ってしまう人は、最初に憧れのイメージをはっきり描いて、そのイメージに近いロールモデルを探してみてください。

# 夢への一歩を踏み出そう

## 多くの人が怖がるリスクの正体

目標が決まった、ロールモデルも見つかった。なのに、一歩を踏み出せない。塾生さんを見ていると、初めはそういう方が多い気がします。

「どうしてやらないんですか?」と尋ねると、たいてい「失敗するのが怖いから」という答えが返ってきます。

なぜ、失敗するのが「怖い」のでしょうか。それは、失敗そのものを恐れているというよりも、**失敗することで「何か」を失うリスクがあることを恐れている**のです。

塾生さんが気にしているリスクは大きく分けて2つあります。ひとつはお金のリスク、もうひとつは時間のリスクです。
でも、これらはそんなに怖いものなのでしょうか？


まずはお金のリスクから考えてみましょう。

大前提として、**リスクのない所にリターンは生まれません。**無料で得られる情報や経験だけで成功したという人は、私の周りにはひとりもいません。ほとんどの人は、ときには驚くようなお金を投じて、成功への階段を上がっていったのです。

私は旅が好きなので、以前から英語が話せるようになりたいと思っていました。それで1500円くらいの参考書を買って読んでいたのですが、ちっとも上達しませんでした。料理がうまくなりたくて、無料のアプリで勉強していたこともあります。でも、5年経っても、10年経っても、美味しい料理がつくれるようにはなりませんでした。

本当にうまくなりたいのなら、それなりにお金を払って英会話スクールや料理教室に通い、ちゃんとした先生に習うべきだったのです。それをしなかったということは、結局、本気でやりたいことではなかったということです。

ビジネスも同じで、**お金をかけてやる気がないということは、本気ではない**ということです。それなら、趣味にとどめておきましょう。趣味にすることが悪いわけではないのです。パンをつくるのが好きで、週末に手づくりのパンを家族や友人に振る舞う。それで満足ならいいのです。

ただ、「パン屋さんを開いてもっと多くの人に美味しいパンを食べてもらいたい」と思うなら、学校に通うとか、プロ仕様の設備を備えるとか、それなりにお金をかける必要が出てきます。

**「お金をかけるのが怖い」ということは、そもそもの目標設定が間違っているのかもしれません。**本当に「やりたいこと」なら、お金をかけても惜しくないと思えるはずなのです。「お金をかけてでもやってみよう」と決断できないときは、設定した目標をいったん疑ってみる必要があります。

## 回り道は決して悪いことじゃない

もうひとつは時間のリスクです。

時間のリスクを怖れる塾生さんは、「もし失敗したら、そのために費やした時間は返ってこない」と言って、一歩を踏み出そうとしません。

けれど私は、**何かに挑戦した時間は絶対にムダにならない**と思うのです。私自身、転職を4回もしたり、弁理士試験の勉強をしたり、一見、回り道をしてきました。でも、その時間が無意味だったとは思いません。

それぞれの場所で学んだことを吸収して武器にすることができれば、何か新しいことを始めるとき、強い味方になってくれます。私の場合、大手電機メーカーで営業をしていた経験は、確実にいまの仕事に生きています。

それまでの私は、人とコミュニケーションを取るのが苦手でした。けれど、営業でたくさんの人とお話してきたことで、いまでは人前に立ってセミナーをすることができるようになりました。

**お金や時間をかけてやったことは、すぐに良い結果にならなかったとしても、いつか違う形で夢につながります。**

最終的な目標さえしっかりしていればいいのです。繰り返しになりますが、やり方や過程は、どんどん変えて構いません。方向転換も、後戻りも、振り返ってみれば、きっと良い経験です。

物理学者で、日本人初のノーベル賞を受賞した湯川秀樹《ゆかわひでき》博士も、次のように言っています。

「取り返しのつかない大きな失敗をしたくないなら、早い段階での失敗を恐れてはならない」

うまくいかなかったときのことを考えて、現状を変えることをリスクと捉える人が多いですが、その正体をよくよく見てみると、あまり大したことではありません。ボヤッとしているうちに30歳、40歳になってしまったという「何もしないリスク」のほうが、私はよっぽど恐ろしいと思います。

**多くの人は、「失う」リスクを大き目に見積もりがちです。**特に女性のほうが、リスクを大きく描く傾向があります。そのことを理解していれば、目の前にあるリスクが小さく見えるのではないでしょうか。

「やりたいことをやるために、いますぐ会社を辞めよう」と、いきなり大胆なことをする必要はありません。最初は副業で小さく始めるのでも構わないのです。
勇気を持って、ぜひ一歩を踏み出してみてください。

# 夢を近づける考え方

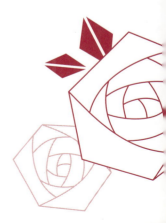

## 苦手なことからはさっさと逃げる

「なりたい自分」になるためには、「自分にとって大切なことは何か？」「どんなことにお金をかけるべきか？」といった**優先順位をはっきりさせることが大事**です。

なぜなら、優先順位を決めておかないと、「苦手なこと」「嫌いなこと」をするのに時間がかかって、なかなか人生のゴールにたどり着けないからです。なるべく早く目標を達成するためには、**苦手なことや嫌いなことから逃げてしまいましょう。**

私の場合、細かい事務処理やウェブページの制作が苦手です。特に、ウェブページの制作については専門知識がないので、時間をかけても、クオリティーが低いものしかつくれません。

それなら、**プロや得意な人にお願いして、自分は空いた時間で好きなことや得意なことをやったほうが、収益を効率良く伸ばせる**と思うのです。

私は仕事を外注したいとき、「ココナラ」という、スマートフォンアプリをよく使っています。いわゆるクラウドソーシングのサービスで、「クラウドワークス」や「ランサーズ」と似ているのですが、金額的なハードルが低いのが特徴です。

仕事を受けるのは学生さんや主婦の人が多いため、プロのお仕事探しというよりは、サークル感覚で、気軽に発注することができます。

たとえば、私のウェブサイトのヘッダーです。現在はプロの方にお願いしていますが、ビジネスを始めた当初は、学生さんに500円でつくってもらいました。プロに頼んだら何万円もかかるところを、ワンコインでつくってもらえたのです。

こうした便利なアプリもあるので、どんどん活用して、苦手なこと、できないことは人にお任せしてしまいましょう。

ほかにも、知り合いをたどって安くやってもらったり、別の仕事をやる代わりに無料でやってもらったり、外注費をかけずにお任せする方法はたくさんあります。

新しいことを始めるときも、苦手な分野、嫌いな分野は後回しでオーケーです。得意な分野、好きな分野から手をつけましょう。

たとえば、「文章を書くのは得意だけど、写真を撮るのは苦手……」という人がSNSをやるなら、文章メインのTwitterから始めたほうが効率的です。「流行りだから」と、無理してInstagramをやっても、すぐに良い反応は得られません。何より、苦手意識があると面白くないので長続きしません。

Twitterで良い反応が得られるようになって、余裕が生まれたら、Instagramに挑戦すればいいのです。

**得意なことから手をつける。面倒だな、苦手だなと感じることからは逃げて、手を止めない。**

イギリスの物理学者で、2018年に惜しまれつつ亡くなったスティーヴン・ホーキング博士も、次のような言葉を残しています。

「人生は、できることに集中することであり、できないことを悔やむことではない」

ＡＬＳ（筋萎縮性側索硬化症）という難病を患《わずら》っていた博士は、歩くことも話すこともできませんでした。深く絶望した時期もあっただろうと思います。でも、自分が「できること」に集中することで、数多くのすばらしい研究成果を発表しました。

私は博士のこの言葉が大好きです。みなさんも、できないことではなく、いまできることに目を向けてみてください。

## 配られたカードで勝負する

成功した人、自分の目標を叶えた人にも、いろんなタイプがいます。

もちろん彼らは、最初から成功者だったわけではありません。みんな同じように、何もないところから初めの一歩を踏み出しています。お金があって、時間もあって、周りの人が応援してくれて、会社の理解もあって、家族も応援してくれる……。そんな最高の環境でスタートできた人は、私の知っている限り、ひとりもいません。

**最高の環境なんて、夢物語みたいなもの**です。それを望むより、いまの環境、状況を受け入れて、その中で、どうしたら実現できるかを考えたほうが得策です。

人生とはそういうものだと思います。私が弁理士の勉強をしていたときも、副業を始めたときも、プライベートの時間を削って、眠い目をこすりながら勉強していました。誰かに強く応援してもらっていたわけでもありません。自分の望むベストな環境、ベストな状態で目標に向かっていけるかといえば、そんなことはほとんどないのです。

みんなが大好きなスヌーピーは、こんな素敵なことを言っています。友だちの女の子、ルーシーに「あなたがどうして犬なんかでいられるのか、不思議に思うわ」と言われたスヌーピーは、このように答えるのです。

「配られたカードで勝負するしかないのさ。それがどんなカードであれ」

スヌーピー、かっこいいですね。

「もっと周りが協力的だったら」とか、「どうして自分はこうじゃないんだ」とか、自分の置かれた境遇を嘆きたくなったときに、思い出したい言葉です。

**与えられた条件の中でベストを尽くす。**たとえ、それがどんなに悪い条件であっても。あなたも自分の「カード」で何ができるか考えてみてください。

# あなたにできない理由はない

## 恐怖心が消え去るとき

私が会社員だったころは、仕事をする上で会社に頼りきっている部分がたくさんありました。

仕事で問題が起きても、「上司のせいにすればいいや」「だって会社から言われてやったことだし」と、いつも何かのせいにしていました。それで損失を出しても、月給から引かれることはまずありません。会社を辞めるときには、退職金までもらえましたし、有給休暇もありました。

でもいまは、事業に失敗したら損失はすべて自分でかぶらないといけません。仕事を休んだらその日の収入はゼロですし、もちろん、仕事を辞めても退職金が出るわけではありません。**すべてが自分次第。**誰のせいにもできません。

正直、すごくシビアな世界です。「楽《らく》」を求めるのであれば、会社にいたほうがいいと思います。

ただし、自分の人生を自分でつくっていく道のりには、「楽しい」があります。怖いと感じるのは、一歩を踏み出すときだけ。いったん踏み出せば、怖いと考えている暇はありません。**「楽」は「楽しい」とは別物**なのです。

いま私は、独立する前に描いていた夢をほとんど実現しました。でも、このまま現状維持を考えていたら、必ず衰退していきます。

なぜなら、周りがどんどん変化していくからです。世の中の仕組みもトレンドも変わっていくし、ライバルも次々に登場します。特にインターネットビジネスは変化のスピードが凄まじいので、**チャレンジをやめてしまうと現状維持すらできません。**

ここでいうチャレンジとは、「新しい武器を身につける」ことです。たとえば、いま私がチャレンジしているのは英語。英語が話せないことで、ビジネスチャンスを逃すのはもったいないと思ったからです。

英語でセミナーをすることができれば、市場を海外にも広げることが可能です。Skypeなどのインターネット電話を使えば、海外のお客さんのコンサルティングができるようになるかもしれません。

海外旅行に行くときも、現地の人と自由にコミュニケーションを取ることができます。その会話の中から、ブログやTwitterで配信する情報のネタを集めることができますし、新しいビジネスのヒントを得ることもできるかもしれません。

**自分の武器を増やせば、新しい夢への道がどんどん開けて、前へ進んで行くことができる。**その過程は、「楽しい」で溢れています。

恐怖心が消え去る瞬間が、いつか必ずやってきます。安心して、一歩を踏み出してください。

## 自分の世界が広がる瞬間

私は大学を卒業して、大手電機メーカーに入社しました。先にもお伝えしましたが、会社を選んだ理由は「有名だったから」。

当時の私は、ＣＭに出てくるような会社しか知らなかったのです。手当たり次第に受けて、たまたま受かったのがそのメーカーでした。それでよく入社できたなと思うのですが、後から聞いてみると、そんなノリで会社を選んだ人は意外と多かったようです。

特にやりたいこともなく社会人になった私は、入社３年で限界を迎えました。営業から事務までいろんな仕事をさせてもらって、いまでは良い経験だったと思っていますが、当時の私は「全部違うな」と感じていたのです。

そこから、私の転職人生がスタートしました。

自分の中では、転職はステップアップのつもりでした。でも、周りはそう見てくれません。いよいよアラサーを迎えたとき、同世代で転職を４回もしている人は、私のほかには誰もいませんでした。

そうすると面接を受ける前に、「仕事が長続きしない人」のレッテルを貼られてしまいます。「これはまずいぞ」と焦り出したのが28歳のとき。そのころから、副業を始めました。

まず始めたのが成果報酬型のインターネット広告でした。これは、自分のブログやSNSの投稿に広告を貼って配信し、それを見た人がサイトにアドレスを登録したり、実際に商品を購入したりすると、自分に報酬が入ってくるというものです。

当時、会社からもらっていた月給は手取りで20万円。日給で考えれば1万円です。ところが、片手間でやった案件ですぐに1万円稼ぐことができたのです。

その瞬間、「あれ?」と思いました。「どこかの会社で働かなくては」とか、「何か資格を取らないと」とか、そういう**呪縛から解き放たれた**気がしたのです。いかに自分が狭い視野で物事を見ていたか、思い知らされました。

それをきっかけに、真剣に副業に取り組むようになりました。すると、1万円だった収入が2万円になり、4万円になり、8万円になり……と、どんどん増えていきました。インターネットビジネスだけでやっていける自信がついて、副業を始めてから半年くらいで、勤めていた会社を退職しました。

私はどこにでもいる、ごく普通のアラサー会社員でした。だからこそ、確信を持って言えるのです。「あなたにもできますよ」と。

私にできたのですから、**あなたにできない理由はありません。**それをお伝えしたくて、こうやって本を書いたり、YouTubeで動画を配信したり、塾を開いたりしています。

正直、以前は自分が食べていければそれでいいと思っていました。でも、いまは人に会って話を聞いたり、人の夢を叶える手助けをしたりすることのほうに、大きなやりがいを感じています。

最近、私の本を読んだ大学生が、「感動しました！」と会いに来てくれました。普通に会社員をしていたら、こんな経験はできなかったでしょう。多くの人に私のメッセージが伝わっていること、そして、自分の世界がぐんぐん広がっていることに、驚きと喜びを感じています。

さて、次の章では「自己投資」の話からお伝えしていきます。

目標を設定しただけでは、目標は目標のまま終わってしまいます。大切なのは、目標をいかに「予定」に変えるか。そのために必要なのが「自己投資」です。

さあ、目標にもう一歩、近づきましょう。

# 第2章

# いますぐ行動する人だけが成功する

# 夢を叶える「自己投資」

## ゴールへの近道は？

ここまで読まれて、自分の目標がおぼろげながらでも見えてきたと思います。もし「全然見えていない！」という人がいたら、もう一度、第1章に戻って考えてみてくださいね。焦って先に進む必要はありません。目標をしっかりと見つけることが大切です。

本章では、**目標を現実的な「予定」に変える**方法をお伝えしていきます。いつまでに実現したいのか。そのためには何が必要で、どんなステップを踏んでいけばいいのか。具体的に考えるということです。

「はじめに」で、成功できない人の条件に「すぐにやらない人」を挙げましたが、だからといって何の準備もしないで目標に向かおうとするのは危険です。山登りでも、食料や水、防寒具、地図、コンパスなど、必要な装備を準備しておかないと、途中で遭難してしまうかもしれません。目指す頂上にたどり着くために、いますぐ準備を始めてほしいのです。

「目標」という頂上にたどり着くには、できるだけ具体的な準備が必要です。そのために欠かせないのが**「自己投資」**です。

自己投資とは何か。ここでは、**必要な道具や知識を得るために、「お金」と「時間」をかける**ことをいいます。山登りの例でいえば、お金をかけて登山靴や防寒具などを揃え、時間をかけて計画を立てたり、足腰を鍛えたりする、ということです。

「お金も時間もかけずに成功する方法はありませんか?」と言う人もいますが、もちろん、そんな虫のいい話はありません。目標を達成するのに裏ワザや近道はないのです。

## お金や時間のムダを防ぐ

自己投資を始める上で大事なのは、**目標がちゃんと定まっていないうちに自己投資をすると、お金も時間もムダになってしまう**ということです。

よく、いろんなパーティーや交流会に出かけて、名刺交換ばかりしている人がいます。そういう人は、たいてい目標があやふやです。本人は「人脈が大事だから」と交流会に参加することで、前に進んでいるつもりになっているのだと思いますが、結果的に遠回りになってしまう可能性が高い。運良く本当の目標が見つかったときに役立つ人脈であればいいですが、それも結果論です。

目指すところがしっかりしていれば、そのために必要なスキルを身につけることができるスクールやセミナーに行こうとするはずです。人脈をつくるにしても、より具体的に考えるはずです。

私もパーティーや交流会によく誘われますが、ほとんど行ったことがありません。行かなくても目的地にたどり着けたので、これからも無理して行く必要はないかなと思っています。

最近では、たとえばインターネットやプログラミングの知識を学ぶべきだ、あるいは語学力がなければ成功できない、という風潮もあります。

それも間違っていないのですが、目的もなく学んでも、やはりお金のムダ、時間のムダです。**自分はどんな目標を持っていて、どんなことにお金や時間をかけるべきか、ということを見失わないようにしてください。**

# 「お金の自己投資」から始めよう

## 「無料」のワナ

では、正しい自己投資とはどんなものなのか。まずはお金の自己投資です。

起業のための準備というと、どんな方法があるのか、どのようにすればいいのかを、みなさん調べます。それは間違っていないのですが、多くの人が、「無料」の情報を探そうとします。

でも、**無料の情報に本当に大切なことは書いてありません。**よく考えてみると、当たり前です。確実にうまくいく方法を無料で教えていたら、いまごろ世の中は成功した人であふれているでしょう。

インターネット上をくまなく探せば、中には価値のある情報が公開されているかもしれません。でも、それは砂浜で砂金を探し当てるようなものです。探すということ自体が、極めて非効率なのです。

ただ、目標が定まらないうちは、無料のインターネット検索でもいいと思います。広く浅く情報を集めることで、自分のやりたいことが見えてきたり、ロールモデルが見つかったりします。

そうして**目標が決まると、どんなことにお金をかければいいのかが、自然と見えてくる**と思います。「料理教室を開く」が目標なら、調理の学校に通ったり、料理の道具を揃えたりする。「満員電車に乗りたくない」が目標なら、起業塾に通ったり、起業に関する有料情報を集めて勉強したりする。「素敵な旦那さんと結婚したい」なら、結婚相談所に登録したり、エステやスポーツジムに通ったりして自分磨きをする。**自分の目標を叶えるためには、やはりお金の投資は欠かせません。**

これは自分のビジネスが軌道に乗ってからも同じです。たとえば、ホームページをより多くの人に見てもらいたいと思うなら、それなりのお金を払って、ウェブ制作のプロに依頼して、初めて効果的な対策ができるのです。無料サイトを探し回っていても、時間だけがどんどん過ぎ去っていきます。クオリティーだって高くなりません。

私は300万円くらい払ってコンサルティングをしてもらうこともあります。塾生さんには驚かれるのですが、これくらい思い切らなければ効果は薄いのです。

## 教わることの大切さ

情報にお金をかけることに、「本当にそれだけの価値があるのか?」と疑問に思う人もいるでしょう。特に私が扱っているインターネットビジネスのように、歴史が浅いものは、「怪しい」「うさんくさい」と思われがちです。

でも、みなさん思い出してください。運転免許を取るために教習所に通ったら、30万円以上かかりますよね。専門分野を学ぶために大学に通ったら、国立の場合でも、4年間で300万円近くかかります。

**人から何かを教わろうと思ったら、本来、それくらいのお金がかかるものなのです。**

具体的なモノを売っているわけではないので、どうしても「高い!」と考える人もいますが、私はむしろ「安いなあ」と思うことがたくさんあります。

たとえば料理教室だったら、そこにいる先生はこれまで何百時間、もしかしたら何千時間もかけて料理を学んできたはずです。専門学校に通ったり、料理道具を揃えたり、お金も随分かけてきたでしょう。そのエッセンスを、たった数10万円、たった数カ月で教えてくれるのです。

しかも、**一度教えてもらったスキルや知識は、一生使うことができます。**モノはいつか壊れたり、古くなったりしますが、スキルや知識は壊れませんし、むしろ教わったことを土台にして高めていくこともできます。すべては「教わる」ことから始まって、さまざまな道へつながっていくのです。

# 「時間がない」って言わないで

## 「時は金なり」のホントの理由

憧れのライフスタイルを手に入れるために、まずは自己投資をしなければいけないという話をすると、「そんなお金なんてないよ」と言う人がいます。

たしかに、「いまの生活を変えたい」と思っている女性の中には、「収入が少ない」「貯金があまりない」という悩みを抱えている人も多いでしょう。

こういう場合、お金をかけられない分、独学で、時間をかけることでカバーしよう、と考える人がいます。でも、それは遠回りです。**お金をかけてから時間をかけるのが、正しい道順**です。

これを逆にすると、中途半端に時間を費やすことになってしまいます。私自身の失敗例でいえば、先ほどお話しした英語の勉強についてです。1500円くらいの参考書を読みましたが、いつまで経っても話せるようになりませんでした。初めからお金を払って、英会話スクールに通ったほうが早く上達したはずなのです。

どうしてもお金をかけるのが難しい場合は、立てた目標はいったん忘れて、まずはお金を貯めることに時間をかけてください。そうして貯めたお金を自己投資に回せば、最短距離で目標に近づくことができます。

でも、本当はそれでも時間がもったいない。可能であれば、親やパートナーから借りたり、クレジットカードを使ってキャッシングをしたり、すぐにお金をつくる方法を探してみてください。

怖いことをおすすめしているように思うかもしれませんが、そこまでして、時間よりお金をかけるべきだということには理由があります。

それは、**スタートが遅れれば遅れるほど、大きなチャンスを逃してしまう**からです。

仮に、いま新しいビジネスを始めたら、数カ月後から100万円の月収を得られるようになるとします。すると、半年スタートが遅れた場合、600万円を逃したことになってしまいます。さらに1年遅れたら、1200万円も損したことになるのです。

収益を得るチャンスを失うだけではありません。**スタートする時期が遅くなると、人生を変えるロールモデルや仲間との出会いも遅れてしまいます。**

人は、「購入した株の値段が下がった」など、実際に行動したことによって損をしたときは「損した！」と悔しがります。けれど不思議なことに、何かをやらなかったことで生じた損、つまり機会損失については、「まあ、仕方ないよね」と軽く済ましてしまう。

「600万円も損する！」と気づいた人は、多少リスクを取ってでも、チャレンジしようと思うでしょう。お金をかけると、人は本気になります。必死になります。人生において大事なことには、お金をかける勇気を忘れないようにしてください。

## 「こま切れ時間」を有効利用

どんなことにお金をかけるかを決めて**動き始めたら、次は「時間」を投資**していきます。

この段階になると、塾生さんから多く寄せられるのが、「そんな時間なんてない！」という悩みです。

私はこのお話を聞くと、「本当かな？」と思ってしまいます。

私が自分でビジネスを始めたのは、会社員のときです。会社で働きながら、副業としてやっていました。もちろん、時間なんてありませんでした。でも、**どんなに忙しくても、ちょっとした「こま切れ時間」はある**ものです。それを見つけて、どう使ったらいいか考えました。

私は通勤に片道1時間かかっていました。長いようですが、ゲームをしたり、LINEをしたりしていると、あっという間に過ぎてしまう時間です。でも、この時間を有効活用すれば、往復で2時間を捻出《ねんしゅつ》できます。

1時間の昼休みも、食事を15分で済ませる。そうすれば、残りの45分は副業のために使うことができます。

これだけで、一日3時間近くを副業にあてることができました。

使える**「こま切れ時間」は、まだまだ普段の生活の中に隠れています。**たとえば仕事中の移動時間や何かの待ち時間。私はトイレまで歩く数分や、会議が始まる前の少しの待ち時間も、副業にあてていました。もちろん本業が疎《おろそ》かにならない程度で、ですが。

私の場合はSNS投稿から始めたので、30分の空き時間があれば、スマートフォンで実際の記事づくりができます。10分の空き時間があれば、頭に浮かんだ記事のネタをまとめることができます。たった1分しかなくても、インターネット上の情報のチェックはできる。たいていのことは「こま切れ時間」でできました。

具体的な内容は違っても、どんな分野の仕事でもいえることだと思います。

**時間を有効利用するためには、音声コンテンツの活用もおすすめ**です。私は、インターネット上のセミナーをスマートフォンにダウンロードして、通勤の間に2倍速で聴いていました。これなら満員電車の中でも、歩きながらでも学べます。

朝の通勤中は、前向きな気持ちの保ち方といった、マインドセットについてのセミナーをよく聴いていました。「自分を成長させるために、今日はこんなことをやるぞ!」といった内容は、朝に聴くのが効果的です。

このように、**空き時間の長さや状況に合わせてできることを、あらかじめ用意しておく**といいでしょう。そうでないと、たまたま空き時間があっても「何をしようかな?」と考えているうちに終わってしまいます。ちりも積もれば山となる。たった数分のこま切れ時間でも、意外とバカにできません。一分一秒でも自分のために生かすことを、心がけてください。

多くの人が「時間がない」と思い込んでしまっているだけで、時間はあるのです。

ではなぜ、「時間がないから」と先送りしてしまうのでしょうか?

それは、**やりたいことをやって失敗するのが怖いから**です。引き返せなくなるのが不安だからです。心の奥にある恐怖や不安が、「時間がないからできなかった」という言い訳をつくっています。

改めてお聞きします。本当に時間はないですか?

一日を振り返ってみて、ムダにしている時間はないか、短縮できそうな時間はないか、チェックしてみてください。

# 「迷う」ということは、「やりたい」ということ

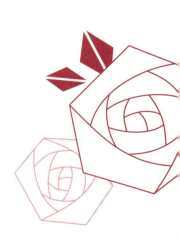

## いまの自分を変えたいなら

毎日、家と会社の往復を繰り返す生活。それが悪いとは言いませんが、**「いまの自分を変えたい」と願うならば、いままでとは違うことを始めなければいけません。**多少お金と時間をかけてでも、自己投資は必要不可欠なのです。

「うまくいかなかったら、お金も時間も損するだけじゃないか」と言う人もいます。私の塾でも、実際にやってみたら「ブログをコツコツ投稿するのが面倒」「自分をさらけ出すのが苦手」「自分に合わなかった」という塾生さんが、ときどきいます。

でも、**どんなことでも、深く学べば、必ず自分の人生の役に立つ**はずです。

私の塾を例にすれば、成功するためのマインドセットや、ウェブマーケティングのノウハウ、ビジネスモデルのポイントなどは　いつか自分に合う「好きなこと」を見つけたときに生きてくるはずです。

どんなことでも、真剣に学んだことはムダにはなりません。インド独立の父であるマハトマ・ガンディーもこう言っています。

「明日死ぬと思って生きなさい。永遠に生きると思って学びなさい」

**人はいくつになっても学び続ける必要がある**のです。その姿勢を忘れないようにしましょう。

## ジャッジの基準は直感

私の塾に見学に来てくださった方の中には、「入ろうかな、どうしようかな」と、ずっと迷ってなかなか決められない人がいます。でも、私が「やりたくなかったら悩みませんよね？」と尋ねると、「あ、たしかにそうですね」と言います。

**やる、やらないで迷っていることがあったら、それは自分が「やりたいこと」**なのです。やりたいから、迷っている。まず、そのことに気づきましょう。そして迷っている時間があるなら、とにかくやってみましょう。

まだ、いまほど仮想通貨が知られていなかったころ、私は「もうすぐ仮想通貨ブームが来そうだ」という情報をキャッチしていました。

「本当に盛り上がるのか」「リスクはどれだけあるのか」「将来性はあるのか」時間をかけて徹底的に調べ上げました。教材を買って、セミナーを受けて、また教材を買って……。かなりの金額を勉強代に費やしました。ところが、実際には1円も投資していませんでした。きっとどこかに恐怖心があったのだと思います。気づけば、全部取り逃していました。

私はこの経験から、「やる」か「やらない」かをその場でジャッジするように心がけています。**ジャッジするときの基準は、「やりたいか、やりたくないか」だけ。**ほぼ直感です。その場で答えが出なかったものは、そのままずっとやらないことが多い。

塾生さんを見ていても、「ちょっと考えさせてください」と判断を先送りする人は、結局、何もやらずに終わってしまうことが多いのです。「迷うならやってみる」の意識で目の前の選択を考えるようにしましょう。

# 立ち止まってしまいそうなときの対処法

## 楽しくなければやめればいい

いざ新しい挑戦を始めてみたら、**「思ったより楽しくなかった」ということもあるでしょう。そんなときは、途中でやめてしまってオーケー**です。

ここで、思い切って方向転換できない人が多いような気がします。特に私の塾に来てくださるのは、まじめで、一度やり始めたら、結果が出るまでやらないといけないと思っている方が多い。なので、腰が重くなり、一歩を踏み出すことができなくなるのです。

試してみて、やりたい気持ちより苦痛のほうが上回ってきたら、そこで引き返せば

いいのです。ズルズルとやるのがいちばん良くない。スパッとやめて、別の「楽しいこと」を探しましょう。

**やり始めたことが自分に合っているかどうかは、1週間くらいで判断できる**と思います。「やってみよう」と思って1週間楽しく続けられたら、たいていその後も頑張れます。1週間続かなかった、あるいは1週間やってみてもどうも面白くないと思ったら、やめてしまいましょう。

幸いなことに、世にあるスクールやセミナーには「お試し期間」や「無料期間」が設けられています。

私の塾には、7日間のお試し期間があります。この間、お金は一切かかりません。英会話スクールや料理教室にも、同じようなシステムがあります。お試し期間で、自分に合う、合わないを判断すればいいのです。

やってみたいこと。
面白そうだと思ったこと。
やろうかどうか迷っていること。

**とりあえず全部やってみて、その中から自分に合ったものを選べばいい**のです。やってみないと、自分に向いているかどうかもわかりません。

アルベルト・アインシュタイン博士も、次のような言葉を残しています。

「何かを学ぶためには、自分で体験する以上に良い方法はない」

迷っていても、何も始まりません。実際に体験することが、学びの源になるのです。

## 人が大きく成長する条件

「楽しくなければすぐやめるなんて、そんな中途半端なことでいいのか」と考える人もいると思います。でも、**「楽しいかどうか」は、自分の行き先を決める上で極めて重要**なのです。

私は大手電機メーカーに勤務していたころ、すべての仕事に熱中できていたわけではないのですが、新しい技術や特許について調べるのは大好きでした。気づいたら、数時間経っていることがよくありました。ワクワクが止まらなくなって、いつまでも、その世界にのめりこんでいました。結果的に仕事をしながら大学院に行って、さらに知識を深めることもできました。

一方で、事務処理や書類整理は苦手でした。けれど、仕事だからやらないわけにはいきません。嫌々ながらも、一応毎日やっていたのですが、結局最後まで得意にはなりませんでした。

この経験からわかったのは、好きなことに取り組んでいるときは吸収が速く、学びも深いということ。一方、嫌いなことはいくら時間をかけてやっても身につかないし、学べることも少ないということです。

私は塾生さんに、いつもこのように伝えています。

## 「好きなことから学べるのは、10分の10」
## 「嫌いなことから学べるのは、10分の1」

私個人の体感ですが、これくらいの差があると思っています。

その意味で、まず「楽しいかどうか」だけにフォーカスすべきなのです。楽しいと思えることほど上達するスピードが速く、多くのことを身につけられます。結果的に成長も早いし、収益にも結びつきやすくなります。

苦手なことから逃げずに立ち向かうことが美徳とされがちですが、少し古い考えのような気がします。気にする必要はありません。

逆にいえば、**何かやりたいことがあっても、いま自分がしていることが楽しいと思うなら、一度立ち止まって考えてみる**必要があるかもしれません。

塾生さんが「会社勤めをしているけど、ほかにやってみたいことがある」という場合、私は「お給料をもらえなくても会社に行きますか？」とよく聞きます。

「それなら行かない」と答える人は、今の仕事を楽しめていないのかもしれません。そういう人は、会社の仕事よりも、ほかにやりたいことがあるはず。そちらを本業にする努力をしたほうがいいと思います。

一方で、いまの仕事を楽しいと思っている人は、「それでも行きます」と答えるでしょう。そういう人は、本人が気づいていないだけで、やりたいことと会社の仕事が一致しているのかもしれません。そんな人には、「じゃあ新しくやりたいことは、本業ではなく、副業にしておいたほうがいいかもしれませんね」とアドバイスします。

「楽しさ」を基準にすることの大切さは、どれだけ語っても語り尽くせません。進んで行くうちに苦しいことやうまくいかないことも出てくると思いますが、このことを常に忘れずにいてほしいと思います。

# 「好き」の力は限りなく偉大

## 楽しいことは「お金」になる

本書に限らず、最近、世の中には「楽しいことをするべきだ」というメッセージが多く見られるようになりました。ただ、それを見ても、「楽しいことがお金になるとは限らないんじゃないか」と疑問に思う人もいるのではないでしょうか。

不安に感じるかもしれませんが、これもあまり考えなくて大丈夫です。なぜなら、**誰かが「楽しい」と思うことは、必ず収益につながる**からです。

私がロールモデルにしている方から最初に教わったのは、**「教える技術があれば、一生食べていける」**ということでした。私はこの言葉を、いまも忘れないようにしています。好きなことを学んで、ある程度のスキルを身につけてしまえば、それを人に教えることで収入につなげられます。

よっぽど変わった趣味でない限り、あなたが楽しいと思うことは、ほかの人も楽しいと感じることであるはずです。ということは、その分野で他人より秀でることができれば、必ずそのスキルや知識を得たいという人が現れます。そこにお金が発生するのです。

世の中の多くのビジネスは、「人に教える」ことで収益を上げています。たとえばダイエット教室や英会話スクール。最近、ちょっとしたトラブルで弁護士の先生に相談する機会がありましたが、弁護士も自分が学んだ知識を使って、トラブルの解決策を人に教えるビジネスをしているといえます。

でも、**自分が心の底から楽しいと思えることでないと、「人に教えるビジネス」は長続きしません。**先生がつまらなそうに教えている英会話教室なんて、通いたくないですよね。

まずは、「楽しいかどうか」だけにフォーカスしましょう。そこから道は開けていきます。

## あなたも誰かの「先生」になれる

**新しいことを学んだら、どんどん人に教えましょう。** 自分の目標が叶って初めて人に教えることができるというわけではありません。その過程での学びも、大きな「稼ぐ力」になるのです。

たとえば、Facebookのノウハウについて、10万円の授業料を払って学んだとしましょう。そこで得たスキルや知識を、今度はあなたが10万円で教えればいいのです。5人に教えたら、50万円の収入になります。

カメラで写真の撮り方を学んだとしたら、フォトグラファーとして写真を撮ってお金をいただくだけでなく、初心者にカメラの使い方を教えることだってできます。フォトグラファーとしての収入と、カメラの先生としての収入を、同時に得られるのです。

コーヒーの淹れ方を学んだとしたら、カフェを開いてみんなにコーヒーを飲んでもらうだけでなく、閉店後に「美味しいコーヒーの淹れ方講座」を開いて、授業料をいただく。

もっともっと細かなことだって、お金を払ってでも学びたいという人はたくさんいます。

たとえば、私の塾生さんの中には、「スクショ（スクリーンショット）を撮って送ってください」とお願いしても、「スクショって何ですか？」という方が結構います。そういう方にスマートフォンの使い方を教えるだけでも、やり方によっては十分収入につながります。インターネットを使えば、会社に勤めていても副業でできますね。

若い人にとって当たり前のことを、高齢の人に教える。都市で当たり前のことを、地方の人に教える。日本では当たり前のことを、外国の人に教える。アイデアはいくらでも思いつきます。**自分にとっては当たり前のことも、ほかの人にとっては「お金を払ってでも学びたいこと」である場合が多い**のです。

**それに、「教えるビジネス」は、元手がかからないのも良いところです。**

必要なのは自分の「腕」のみ。在庫を抱えることもありません。いただいた授業料が、ほぼそのまま自分の収入になります。

ホリエモンこと堀江貴文《ほりえたかふみ》さんも、起業でうまくいくためのポイントとして、次の4

つを挙げています。

①利益率の高い商売
②在庫を持たない商売
③定期的に一定額の収入が入ってくる商売
④資本ゼロ、あるいは小資本で始められる商売

「教えるビジネス」は、この4つの条件をほぼクリアしています。

どんなことでも同じです。学んだことを独り占めするのではなく、どんどんシェアしていきましょう。そうすることで、**やりたいことを本業にできたとき、「教える仕事」と合わせて2つの収入源をつくることができる**のです。

## イノベーションもオリジナリティもいらない

自分でビジネスを始めるというと、まだ誰もやっていない、画期的なアイデアが必

要だと思われがちです。誰かに教わっているだけでは、いつまで経っても成功できないと。

でも私は、誰かの**「二番煎《せん》じ」で構わない**と考えています。

もちろん、「世界的なイノベーションを起こしたい」「東証一部に上場してミリオネアになりたい」というような夢がある人は別です。誰よりも早く海に飛び込む、「ファーストペンギン」になる必要があるかもしれません。

けれど、好きなことをやって、自分ひとりが食べていけるくらいでいい、という規模のビジネスなら、二番煎じ、三番煎じで大丈夫です。それでも十分、平均以上の収入を得ることはできます。

むしろ、**「誰かの真似をするのは恥ずかしい」「ダサい」などとこだわっているとうまくいきません。**先に成功している人に教わって、そのまま実践したほうが失敗は少ないと思います。

ビジネスを始めたばかりのうち、個性や独自性は必要ありません。それよりも、**前を行く人のやり方やアドバイスに合わせていける、「素直さ」が大切**です。余計なプライドは、手放してしまいましょう。

「パクリだ」と思う人もいるかもしれませんが、それでいいのです。私自身、いまやっているビジネスは、ほとんど誰かの二番煎じです。中でも、私がこの世界に入るきっかけをつくってくれた、ロールモデルの方の影響が大きいです。成功して、いろんな情報を発信していて、旅好き。そんな、私が憧れるロールモデルの方のスタイルに、私の好きなことや、やりたいことを加えただけです。

インターネットビジネスの世界では、マーケティングに秀でたトップ中のトップが4、5人いて、彼らがピラミッドの頂点です。そして、そこから降りてくるノウハウを、7合目辺りでゲットしているのが私です。

私は、彼らから教わったノウハウをもとに、自分のビジネスを展開し、さらに別の人にノウハウを教えることで、収益を上げています。

「この業界に革命を起こすぞ!」と、ゼロから新規事業を立ち上げるのは、たしかに、かっこいいことだと思います。ただし、当たれば大きいですが、その分リスクも大きい。事業が大きくなれば、社員を雇ったり、資金を集めたり、オフィスを借りたりする必要も出てきます。うまくいかなくなって途中で退場していく人を、私は何人も見てきました。

でも、**二番煎じでいいと割り切れば、リスクは格段に下がります。**二番煎じでも、独立してやろうとする人は、まだまだ少数派です。競争も激しくはありません。安全かつ平和なこのやり方は、女性にぴったりではないでしょうか。

二番煎じ、真似をするということは、**「型」を知る**ということです。

日本には古くから、「守破離《しゅはり》」という言葉があります。武道や茶道において使われる「型」で、次のような意味です。

◆**守＝型を守り、模倣《もほう》すること**
◆**破＝身につけた型を破って応用すること**
◆**離＝学んだことを離れ、独自の道を行くこと**

どんなジャンルにも型はあると思います。「ビジネスを始めるなら、全部自分の判断でやらなくてはいけない」というのは思い込みです。ちゃんと型はあるし、教材もあ

って、教えてくれる人もいます
そこから始めることが、いちばんの近道なのです。

# 「やっておけばよかった」と後悔しないために

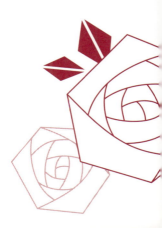

## 「いい波」に飛び乗ろう

私が発信しているブログや動画を見てくれた方から、「1年前からずっと勉強させてもらっています！」といったコメントをいただくことがあります。長い間見ていてくれるのは、とてもうれしいことです。

ただ、そういう人は、**「見ているだけ」**の場合が多い。ブログを書いてもいないし、動画を上げているわけでもない。なんてもったいないんだろうと思います。1年あったら、もっといろんなことができたはずです。

本書でも繰り返してきたように、誰かから学ぶことはとても大切です。私も普段から、さまざまなブログや動画、メールマガジンなどをチェックしています。

それは、最新の情報をストックしておけば、**「いい波」が来たときに、すぐ飛び乗ることができる**からです。準備をしっかりしておけば、大きな利益を得たり、師となる人と出会ったり、人生が良い方向に向かうきっかけやチャンスを掴めます。けれど、**ただ準備しているだけでは収入に結びつきません。**人生が好転することもありません。ファンでいてくれるのはもちろんうれしいですが、行動して、自分のやりたいことを実現して、ファンを卒業してくれるほうが、もっとうれしいです。

深く学ぶにつれて、腰が重くなってしまうことはよくあります。「もう少し勉強したほうがいいかも」「まだそのタイミングじゃない」。そんなふうに、ブレーキがかかってしまいます。調べれば調べるほどリスクは見つかるし、学べば学ぶほどネガティブな情報もたくさん入ってくるからです。

でも、みずから進んで調べたり、時間やお金をかけて学んだりすることができた。しっかりと自己投資できた。ならばそれは、自分にとっての「やりたいこと」に違いありません。

であれば、すぐに飛び出しましょう。いい波は、ちょっと躊躇《ちゅうちょ》している間に、はるか先へと行ってしまいます。そのとき、「ああ、やっておけばよかった」と思うのは、あまりに悲しいことではないでしょうか。

## 今日がいちばん若い日

**いますぐ行動する人だけがうまくいく**、というのは本当に大切なことだと思っています。いますぐやるか、１カ月後にやるかで、大きな差がつきます。

私はもともと理系だったので、文章を書くことに苦手意識がありました。ですから情報発信をするとき、最初は、長い文章を書く必要のあるFacebookではなく、短文のTwitterから始めました。

私は最初、Twitterで一日10ツイートするということを、自分のノルマにしていました。毎日続けたら、１カ月で３００ツイートになります。

１カ月後に始めた人がこれに追いつこうと思ったら、一日20ツイートしなければなりません。かなり大変ですよね。２カ月後だったら、一日30ツイート。こうなると、追いつくことは無理でしょう。

**「始めた時期が早いほど、結果が出るのも早くなる」**というのは、当たり前のようで、つい忘れがちなことです。だからこそ、「今日から始めましょう」とみなさんにはお伝えしたいのです。始めるのに遅過ぎることはありません。

「もう歳だし」とか「いまからやっても遅いのでは？」と、足踏みしてしまう人もいます。特に、女性は自分の年齢を気にする人が多いと思います。

でも、**年齢はハンディになりません。**塾生さんの中には50代の方もいますが、20代の生徒さんと比べて、成功する確率が下がるというようなことはないのです。むしろ、社会人としての豊富な経験がプラスに働く場合もあります。

逆にいえば、若さが有利に働くとは限らない。若いからといって時間を浪費していいわけでもないし、年齢が高いからといって動き出さなければ、さらに遅れを取ってしまいます。

ベストセラーになった『置かれた場所で咲きなさい』（幻冬舎）で知られる渡辺《わたなべ》和子《かずこ》さんは、こうおっしゃっています。

『今日』という日は、自分にとって一番歳をとった日である。しかしながら、今日よりもう若くなることはないとすれば、自分にとって『一番若い日』でもあるのだ」（『愛と励ましの言葉366日』〈PHP研究所〉）

**今日がいちばん歳をとった日だから足踏みするのか、いちばん若い日だから前に進むのか。**あなたはどちらを選びますか？

さて、次章ではいよいよ、実践に移していく段階に入っていきます。

ここまで、しっかり自己投資について学んできたあなたなら大丈夫。私は6カ月あれば、新しく始めたことで、会社員の収入を超えることは十分可能だと思っています。

やりたいことを全部やる人生は、すぐ目の前です。

# 第3章

# 夢を叶える「6カ月プログラム」

# 「好きなこと」で食べていけるようになるまで

## まずはいまの自分を超える収入を

1章、2章で、夢を叶えるために必要なことをお伝えしました。本章では、実践的にその道のりを進んで行く方法をお伝えします。

その期間に正解はないのですが、ある程度時間に区切りをつけないと、どうしても集中できなくなります。本章ではまず、新しく始めたことで生活ができるようになるまで、つまり**いまの収入を超えるまでの期間を、6カ月に設定**します。もちろんモデルケースですので、各ステップを必ずこのとおりに進めなければいけないというわけではありません。あくまで目安として考えてください。

さて、ここで一度、全体の流れをおさらいしましょう。

**最初にやることは、「目標設定」。**どんな人生を送りたいのか、イメージを固めます。

このとき、**ロールモデルを見つけることが大切**だとお伝えしました。運良くすぐにロールモデルが決まることもありますが、その人と本当にフィーリングが合うかどうか、すぐにはわからないことが多いと思います。目標設定には、1カ月くらい見ておいたほうがいいでしょう。

そのうち、最初の2週間は難しいことは考えず、自分にとっての「楽しい」を探す時間です。そして次の2週間でロールモデルを探して、会いに行く。そんなふうに分けてもいいですね。

**次のステップは「自己投資」**でした。まずは無料の「お試し期間」で様子を見ながら、「ここだ！」と思ったところにお金を投じます。

その上で、時間をかけて学んでいく。3カ月もあれば実績が出てきます。実績というのは、インターネットビジネスや投資であれば、ずばり月収。料理や英会話でしたら、何らかの資格や、認定を得ることです。

### ❖夢を叶える「6カ月プログラム」

| 期間 | 内容 | ステップ |
|---|---|---|
| 1カ月目 | ●1〜2週目　「楽しい」を見つける<br>●3〜4週目　「ロールモデル」を探す | step❶ 目標設定 |
| 2~4カ月目 | ●お試し期間を利用して、どこにお金を使うか決める<br>●時間をかけて学び、資格や収入を得る | step❷ 自己投資 |
| 5~6カ月目 | ●学んだことを人に教えて稼ぐ | step❸ 「教えるビジネス」へ |

次は、それを**人に教えることで収益を伸ばしていきます。**インターネットさえつながれば、簡単に生徒さんを集められます。２カ月くらい順調に続けることができれば、安定した収入が入ってくるようになるでしょう。

これで計６カ月です。この型に沿って進めていけば、物販や投資、どんなビジネスでも、ある程度の収入になると思います。月に20万から30万円くらいといったところでしょうか。**会社員の月収を越えることは、十分可能**です。

もちろん、もっと多くの収入を得ることも不可能ではありません。ただ、**初め**

**からあまりに高い目標を立ててしまうと、楽しさより苦しさが上回ってしまいます。**

それに、リスクも大きくなります。中には、画期的なアイデアで一発当てて、会社を売却して億万長者になる人もいます。ところが彼らのその後を追ってみると、必ずしも幸せになっているとは限らないようです。いろんな事業に手を伸ばして大きな借金を抱えたり、翌年の税金が払えなくなったり、働き過ぎて身体を壊したり。まさに、「天国から地獄へ」という人も多いのです。

それよりも、**安定した収入が継続して入ってくる仕組み**をつくりましょう。決して派手ではないけれど、確実な幸せがずっと続くほうが、女性としてはうれしいですよね。

## 副業か、それとも専業か

私の副業の収入が、会社員のころの月収を越えたのは、目標を定めて動き始めてから、1カ月くらい経ったころでした。他人の話だと、「まあそんなものか」くらいにしか思わないかもしれませんが、いざ自分の身に起こると、世界が引っくり返るくらいの衝撃が走ります。

私は、このときまだ会社員でした。片手間でやったことが、会社員としての収入を上回ったのです。

いままでやってきた仕事は何だったの？

会社に入って働くことが、本当に幸せなの？

お金って、いったい何なの？

**いままでの常識が、すべて塗り替えられた**ような気がしました。

と同時に、「これなら会社を辞めても大丈夫かも」と思いました。起業を考えるようになった瞬間でした。それから2カ月経って、副業での月収が１００万円を越えたところで、会社に退職届を出しました。

私は自分のビジネスを副業からスタートしましたが、最初から専業でスタートするという選択肢もあります。

ある塾生さんは、「よし、やるぞ」と決めた後すぐに、会社を立ち上げていました。私とは違うパターンでしたが、ちゃんと成功しています。

どちらのやり方でも大丈夫ですが、専業のほうがうまくいく確率は高くなるように思います。会社員としての収入があると、「失敗しても生活できなくなるわけじゃないし」と、どうしても意思が弱くなりがちです。あえて退路を断つのも、ひとつの手です。

いずれにしても、とにかく**スタートしないことには、失敗も成功もありません。**待っているだけでは、チャンスは永久に訪れない。常に動き続ける人にのみ、チャンスはやって来る。そのことを忘れないようにしましょう。

# 最後まで走れる環境をつくる

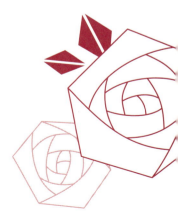

## 自分を動かす強制力

「6カ月プログラム」を最後までくじけず行なうには、いくつか工夫が必要です。ひとつは、**「強制力」を持たせる**こと。

たとえば、スクールに通う、ロールモデルの人に直接教えてもらうなど、**学ばざるを得ない環境に、自分の身を置く**ことです。

私は、独学のみで目標を達成するのは難しいと思っています。少なくとも、6カ月という短い期間では厳しいでしょう。

もちろんひとりで勉強することも、学びのきっかけとしては十分です。本1冊が1

５００円だとして、ちゃんと読めばそれ以上の価値は間違いなくあるでしょう。

私の塾生さんでも、勉強家でまじめな方ほどたくさん本を読んでいます。「本を読んで興味を持ちました」と問い合わせてくれるのは、たいてい高学歴、しかも高収入の人です。

でも、本をたくさん読んでいるのに、実際の収益にはつながっていない、という人もたくさんいます。「ひとりで作業していると、どうしてもさぼってしまう」「切磋琢《せっさたく》磨《ま》する仲間がいないと、モチベーションが上がらない」。そんな問題を解決するためにも、お金を払って、学校の先生やロールモデルの人に教えてもらったほうがいいと思います。

それに、スクールなどでは、**「お金を払う」ということも強制力を生み出します。**

第２章で無料情報には本当に重要なことは書かれていない、とお伝えしましたが、気持ちの面でも、「無料」にはデメリットがあります。つまり、「無料」では本気になれないのです。

毎日一所懸命働いて稼いだお金で得た情報だからこそ、信じて頑張ろうという気持ちになります。自分を本気にさせるためにも、必要なところにはお金をかけるようにしましょう。

それから、**期限を決めることでも、強制力が生まれます。**

テスト勉強と一緒ですね。何月何日にテストがあると思うと、その日までは勉強を頑張れる。

私は一時、無期限のサポートを受けられるスクールを受講していました。忙しくて時間の取れない人には、ありがたいシステムでしょう。でも、いつも「後でやればいいや」となってしまい、良い結果は出ませんでした。

短期間で結果を出すためには、期限を決めることが大切です。この期間内に、すべての知識とスキルを身につける。これだけの収益を上げる。そんなふうに区切りをつけるべきです。

## 目標を見失わないために

「6カ月プログラム」の間は、意識して、**自分の立てた目標を思い返す**ようにしましよう。

会社員時代の私の目標は、スペインへ旅行に行くことでした。そこで、スマートフォンの待ち受け画面をスペインの風景にしました。スマートフォンを開くたびに、「目標」が目に飛び込んできます。ちょっと疲れているから休みたいと思ったときも、スマートフォンを開いて、「ここに行きたいんでしょ、私」と言い聞かせると、もうひと頑張りすることができました。

最近は、何枚かの写真をコラージュして、一枚の写真にまとめる無料アプリもあります。塾生さんは、このアプリで自分の夢のイメージをコラージュして、スマートフォンの待ち受け画面に設定しています。

「こんな広い家に住みたい」

「こんなかっこいい車に乗りたい」

「こんなキレイな女性になりたい」

あくまで理想でいいのです。

**最初に立てた目標を、6カ月間、ずっと忘れないようにするのは意外と難しい**ものです。毎日忙しくしていると、つい頭から抜けてしまうこともあります。「自分は何のために頑張っているんだろう……」ということにならないためにも、常に目標を思い出せる工夫をしてください。

# 一緒に走る仲間をつくろう

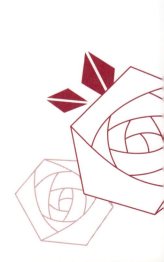

## 褒め合うことで頑張れる

スクールなどに通うことには、「仲間がいる」というメリットもあります。

まず、**仲間がいるとより多くの情報が集まってきます。**みんな積極的に情報収集をしていますし、何より自分と近い目標を持っている人たちですから、その情報は自分にとって確実に有益なものです。

それに、自分ひとりでやっていると、やっぱり不安になることもあります。そんなときに**仲間がいれば、相談もできるし、「お互いに頑張ろう」と励まし合えます。**

私の塾生さんは日本全国にいますが、遠方の方だと、リアルで会うのは月に1、2

回です。でも、ＬＩＮＥグループなど、いろいろなツールでつながることで、毎日、みんなとコミュニケーションを取れるようにしています。ほかの人がどんな配信をしているのかチェックしたり、わからないことを教え合ったり。

私は塾生さんが何か実績を出したとき、必ず「おめでとう」を言うことにしています。「あなたの記事がランキングに入りましたね、おめでとう」とメッセージを送る。私がどうというわけではないですが、自分のことを見ていてくれる人がいる、それだけで、目標を達成しようという意識が引き上げられるのだと思います。

私が「おめでとう」とメッセージを送ることで、ほかの仲間たちからも、ポジティブなスタンプが山ほど届いたりします。仲間同士で褒め合うことも大切です。小さなことでも、「すごいね」「さすがだね」と褒め合う。自分でも気づいていない長所を褒められると、誰でもうれしいものです。文章に苦手意識を持っている塾生さんが、仲間から「今日の文章、良かったですね」と褒められ、とってもうれしかったと話していました。

**仲間を褒めていると、自分にも褒め言葉が返ってくる**ようになります。そうして自分も、より前向きに頑張ることができるようになるのです。

## 孤独はビジネスの敵

すぐに仲間と仲良くなって、お互いに支え合えればいいのですが、やはりすぐには、みんなの輪にうまく加わることができない人もいます。

「自分から質問しない」「褒めない」「声をかけない」そんな「待ち」の姿勢を取ってしまうのです。周りも声をかけづらくなって、だんだんと人間関係がギスギスしてきます。

**孤立すると、コミュニティ内の貴重な情報を逃してしまう**ことにもなります。気づくと、ひとりだけ主流から外れた道を歩いていたり、何にもやらない人になってしまったり。

私も昔は人とコミュニケーションを取るのが得意ではなかったので、輪の中に入りにくい気持ちはわかります。でも、せっかく新しい環境に飛び込んだのです。いままでのあなたを知っている人はいないので、人の目を気にする必要はありません。この機会に、自分を変えてみましょう。

**孤独は、ビジネスの大きな敵**です。リアルな場に通うだけでなく、SNSなどで仲間を探してみるのもいいと思います。そのほうがハードルが低いという人もいるのではないでしょうか。私は、Facebookグループの利用をおすすめしています。探してみると、女性起業家のグループ、インターネットビジネスのグループ、同県出身者のグループ、いろんな属性を持ったグループがあります。

すでにあるグループに入るだけでなく、自分でグループを立ち上げることもできます。新しいグループを立ち上げると、あっという間に仲間が集まってきます。誰でも心の中では、仲間が欲しいと思っているのですね。

# ひとりで学ぶ時間も大切

## 教わるだけでは不十分

仲間は本当に大切な存在ですが、ひとりで学ぶ時間をつくらなくていいわけではありません。

どんなスクールでも、**授業を受けただけでは、稼げるようになりません。**その後、どれだけ自分でやれるかにかかっています。先生は質の高いエッセンスを教えてくれるだけです。それを自分のものにするためには、量をこなさなければいけません。

だけど、それをできない人が多い。授業の日は、気分が高まって「やるぞ！」となるのに、家に帰ったら「また明日でいいや」となってしまうのです。自分ひとりで始めたことは、義務ではありません。会社や学校とは違い、手を抜こうと思えば、いくらでも抜けてしまいます。

塾生さんにも手を抜いてしまう方はいらっしゃいます。私が「どうしてできなかったんですか？」と聞くと、たいてい「時間がなかったから」「今週は忙しかったから」と返ってきます。じゃあ、そうした方が来週はちゃんとやるのかというと、そういうわけでもない。それでは、いつまで経っても人生は変わりません。

そういうとき、私は**「目標を毎日、見返すようにしてください」**とお願いしていいます。お伝えしたように、スマートフォンの待ち受け画面に設定してもいいですし、紙に書き出しておくのもいいでしょう。

塾生さんの中には、付せんに自分の目標を書いて、自宅のいろんなところにペタペタと貼っている人もいます。そこまですれば、きっとこの人は成功するだろうなと思いました。

**目標が目に入るたびに、「1カ月後も、1年後も、いまみたいな生活を送るのは嫌だ！」と思えたら、必ず前に進むことができます。**もし、そう思えないなら、立てた目標がずれているのかもしれません。それが本当に正しい目標なのか、もう一度、考えてみてください。そのためにも、毎日見返すことが大切です。

## 「やる気スイッチ」の入れ方

私も会社員のころは、常に時間がありませんでした。働きながら2つのスクールに通っていたときは、完全にキャパオーバーで、3時間くらいしか寝られない毎日でした。徹夜の日もありました。

あまりに疲れて、「明日でもいいかな……」と怠け心が頭をよぎったときは、自分にこう言い聞かせていました。

**「明日もどうせ時間がないんだから、今日やるべきことは今日やろう」**

物事を先延ばしにするとき、私たちの心には「そのうち一気に取り戻せばいいや」という考えがちらついてしまいます。でも、「そのうち」なんて永遠に訪れません。次の日も、また次の日も、同じように忙しいのですから。

時間がないときでも、「今日やるべきことは今日やる」と決めてください。

とはいえ、それができれば苦労はしないという人も多いでしょう。人間、誰だってそんなに強くありません。私もいまだから「今日やるべきことは今日やる」などと言えますが、やはり怠け心と戦う日がありました。

**どうしてもやる気が起きないときは、自分の好きなことから手をつける**ことをおすすめします。

私の場合、ブログの執筆をするとき、「さあ、書くぞ！」とパソコンに向かったところで、いきなりエンジンはかかりません。まず、ネタ探しを兼ねて、Twitterのトレンドや、バズった投稿のチェックから始めます。私は最新の情報に触れるのが好きなので、こういう作業はまったく苦になりません。

しばらくそうしているうちに、やる気のスイッチが入ります。そしてその流れのまま、ブログの執筆を始められます。心理学的には、これを「作業興奮」というようです。

**やる気は出るものではなく、生み出すもの**です。行動しないとやる気は出ません。「嫌だなぁ」と心の中では思っていても、とりあえず簡単なことから行動を起こすことで、やる気は生まれるのです。

「疲れているから」「やる気が出ないから」と言って、日々の課題を先延ばしにして、その結果、6カ月の予定をダラダラと延ばしていたりすると、人生はいつまでたっても変わりません。**つらい毎日も、長い人生の6カ月だけ**と思えば、意外と乗り越えられるものです。永遠に続くわけではないのですから。

少しの間だけ、頑張ってみませんか?

# 人生が一気に楽しくなる瞬間

## 「三歩進んで二歩下がる」は当たり前

ビジネスをやり始めたころは、思ったように結果が出ない時期も続くでしょう。

ブログを書いても反応がない。お客さんが集まらない。収益もわずか数円しか出ていない。それが1週間、2週間と続くと、頭では「最初だから仕方がない」とわかっていても、心が折れてしまうかもしれません。

でも、ブログの記事でも料理でも、**一つひとつ積み重ねたことは、確実に資産になります。**それが後に収益を生んでくれます。

収益として結果は出ていなくても、一歩、確実に前進しているのです。なのに、「三歩進んで二歩下がる」の「二歩下がる」だけにしか目が向かなくなる。それで「結果が出ないから、もうやめちゃおうかな」と、あきらめてしまう人をたくさん見てきました。

収益につながっていなくても、何も進んでいないように見えても、「一歩進んだ！」と思うことが大切です。そのうち**「二歩下がる」が「一歩下がる」になり、やがて「一気に三歩進める」ときがやってきます。**

どんなビジネスも、収益が直線的に伸びていくことはありません。最初はゆるやかなカーブを描きながら、次第にカーブが急になっていく、指数関数的な曲線を描くのが普通です。

最初は誰でも、横ばいの時期を経験するのです。この時期にあきらめずに続けていれば、一気に結果が出るときが来ます。それがいつかは予測できませんが、小さなことでも積み重ねていけば、急上昇のカーブを描くタイミングが必ず訪れます。そのときを楽しみにして、コツコツ頑張りましょう。

元メジャーリーガーのイチローさんは、高校生のとき、夜寝る前の10分間の素振りを、３年間欠かさず続けていたと話していました。

一日ではたった10分ですが、３年続ければ、１８０時間を超えます。メジャーリーグを舞台に大活躍する姿を見ていると、生まれながらの天才だと思ってしまいますが、陰には努力の積み重ねがあったのです。当たり前のことを一所懸命やり続ける。「凡事《ぼんじ》徹底《てってい》」の大切さを、私はイチローさんから学びました。

ビジネスも同じです。仮にTwitterのツイートを1万回続ければ、大きな収益を生み出せるようになるとします。１万ツイートというと目がくらみそうですが、一日10ツイートと考えれば、できそうな気がしませんか？

私は文章を書くことが苦手で、最初は一日数回しかツイートできませんでした。でも、その日に10ツイートをやりきることだけに集中していたら、いつのまにか乗り越えていました。

周りの人が途中で脱落していく中、小さなことをコツコツ積み重ねていく。それをできる人が、どんな世界でも、最後に勝利を得るのです。

## 「小さな成功体験」をつくる

「毎日の積み重ねが大事」とお伝えしながら、私も根は飽きっぽい性格です。子どものころは、習いごとをコロコロと変えていました。スイミングからお習字まで、10種類くらいはやったと思います。

ひとつの道を突き進むことが、できない人間でした。そんな私の助けになったのは、**「小さな成功体験」**です。

私のビジネスにおける最初の成功体験は、1時間で1万円を稼いだときです。学生時代にやっていたアルバイトが時給1000円くらいでしたから、ゼロがひとつ増えたわけです。このとき、「ビジネスって面白いな、もっとやってみよう」と思えたのです。そうして数字がだんだん増えていくのが面白くて、ますますのめり込んでいきました。

**自分でビジネスをやる大きなメリットに、数字を自分で把握できるということがあります。**やった分だけ、具体的な数字になって返ってきます。特にインターネットビジネスの場合は、基本的に、情報発信の回数や媒体の数を増やせば、お客さんが増えて収入が上がっていく仕組みになっています。そのためほかのビジネスより小さな成功体験を得やすく、「飽きっぽくて何も続かない」という人にも向いていると思います。

「6カ月プログラム」を進めるときも、小さな成功体験を見つけてください。

直接の収益など、具体的な成果でなくてもオーケーです。たとえば、「目標を定めることができた」「ロールモデルが見つかった」。それだけでも小さな成功体験です。「授業でこんな質問をした」「教材を10ページ読んだ」。素晴らしい前進です。「知らなかったことをGoogleで検索して、調べることができた」。それだけでもいい。世の中の多くの人は、知らないことを調べようとすらしません。

そうした成功体験を一日の終わりに書き出しておくと、それが自分の「成長記録」になります。ときどき見返すと、前に進んでいる実感がなくても、意外といろんな成功体験をしているんだな、と気づけると思います。

そして、**成功体験のたびに自分を褒めてあげてください。**小さなことでも自分を褒めることで、自信がついて、夢を叶えるための努力を続けられるのです。

## スタートした時点で「上位5パーセント」

インターネットビジネスの世界では、「それだけで食べていける人は5パーセントしかいない」とよくいわれます。そう聞くと、「やっぱりハードルは高いんだ」「自分には無理だ」と思って、尻込みしてしまうかもしれません。

でも、残りの**95パーセントの人は、そもそもスタートすらしていません。**つまり、いつまで経っても行動しない人や、ブログを立ち上げただけでそのまま放置している人、記事をちょっと書いただけでやめてしまった人が、大半を占めています。そのため、「利益が出ている人は5パーセント」しかいないように見えてしまうのです。

これは割合の差こそあれ、どんな業界にもいえると思います。多くの人がスタートしていないということは、逆をいえば、**スタートした時点で、上位数パーセントの仲間入りができるということです。**しかもその上位者の中には、独学でやっている人、趣味でやっている人もふくまれます。人に教わって、真剣に取り組んでいる人の割合は、さらに少なくなります。

**特別なことをしなくても、ちょっとしたことを続けるだけで、勝手に周りが脱落していきます。**私が情報発信を始めたころ、ほかにも同じようなことをして注目されている人が何人かいました。でも、気づいたらみんないなくなっていました。生き残ったのは、一日10ツイートをコツコツ続けていた私でした。

何か新しいことや、特別なことをしていたかというと、そうではありません。当たり前のこと、小さなことをずっとやっていただけです。

「コツコツ続けることが大事だ」と言うと、中には「意識高い系だ」とバカにする人もいます。みなさんはそんな雑音にまどわされないでください。そんな人は、単に頑張っていないだけです。自分が頑張れないのが悔しいから、頑張っている人を揶揄《やゆ》して見下すことで、プライドを保とうとする。かわいそうな人です。

私も第1章でお伝えしたように、高校時代は頑張っている人を見て、「かっこ悪い」と思っていました。テストの日に「勉強なんてしてないよ」と言うのがかっこいいのだと勘違いしていました。

でもいま、私は「寝る間も惜しんでブログを書いているんですよ」とか、「毎日、コツコツ続けることが大切ですよ」と言うことが、恥ずかしいとはまったく思いません。

そういう人を見ても、頑張っているなあと尊敬するだけで、バカになんて絶対にしません。

つい「努力なんてかっこ悪い」と思ってしまう人も、環境が変われば価値観も変わっていきます。そのためには、「努力することが当たり前」の環境に自分を置くことです。

**努力はかっこ悪い、と思っている人が、いちばんかっこ悪い。**

そう考えると、もっと人生が楽しくなるのです。

# 成功を引き寄せる魔法の言葉

## 「口ぐせ」を変えれば人生が変わる

私はこれまで、何百人という塾生さんと接してきました。いろんな人とお話ししてきて、**成功できない人に共通する「口ぐせ」**があることがわかりました。

ひとつは**「だって」**。何かにつけて「だって〇〇だもん」と言う人がいます。私はそういう人を「だってちゃん」と呼んでいます。

なかなか一歩を踏み出そうとしない人に理由を尋ねると、「だって、お金ないもん」「だって、時間ないもん」「だって、自信ないもん」と、できない理由ばかりが返ってきます。

本当に「できない」のでしょうか？　私が見ている限り、たいていの人は「やらない」だけです。**やらない理由をつくって、行動しないだけ**なのです。

私も仮想通貨の投資で二の足を踏んでしまったときは、「だってちゃん」になっていました。「だって、損している人がいっぱいいるから」「だって、市場が不安定だって聞くから」。そう言って、前に進もうとしませんでした。

言葉には、「ことだま」が宿っているといわれます。口から出る言葉は、本人の行動や考え方に大きな影響を与える。私はそれを信じています。「だって」ばかりを言っていると、本当はできることもできなくなってしまうのです。

やりたいことを実現するためには、「だって」は禁句です。もし頭に浮かんできたら、**代わりに「だったら○○しよう」と考えてみましょう。**

◆「だってお金ないし」↓「だったら浪費をやめよう」
◆「だって時間ないし」↓「だったら通勤時間を活用しよう」
◆「だって自信ないし」↓「だったら自信がつくまで練習しよう」

「だったら○○しよう」を口ぐせにすることで、前向きな気持ちになって、解決策が見つかります。

ほかにも成功できない人が言いがちなのが、**「やったことない」「知らない」**。「ブログを書いてみましょう」とすすめても、「やったことない」。「投資について学びましょう」と言っても、「知らない」。「だから私にはできません」と言う人がいます。「やってみよう」「知りたい」と思って、学びに来たはずなのに、もったいないなあと思います。

私もこれらの言葉を、昔はよく使っていました。本当は海外をいっぱい旅したいのに、「ひとりで旅行したことないから」「現地の言葉を知らないから」と、やらない理由をつくっていたのです。

でも、どんなに旅慣れた人でも、最初は「やったことない」状態からスタートしています。現地の言葉をしゃべれないなら、通訳してくれるガイドをつければいいだけ。**「知らない」「できない」の解決策は、探せば必ずあります。**

よく考えるとそもそも世の中は、やったことないこと、知らないことであふれています。それを思い出せば、やったことないこと、知らないことは怖くなくなるのではないでしょうか。

ブログを書いたことがないなら、「書く練習をしてみよう」。投資について知らないなら、「本を読んでみよう」。それだけでいいのです。

**言葉を変えると、行動や考え方が変わります。**本心ではまだためらっていても、ポジティブに言い換えるだけで、あきらめずにやっていこうという力が湧いてくるはずです。

だまされたと思って、普段話している言葉をちょっと変えてみてください。

## ポジティブな思考を借りてくる

私がネガティブなことを言わなくなったのは、ロールモデルの方のおかげです。出会ってからいままで、その方がネガティブなことを言っているのを見たことがありません。私もこんなふうになりたいな、と思っていたら、自然とネガティブなことを言わなくなりました。

会社員時代は、「あの上司が」とか「忙しい」とか、いつも言っていた気がします。女子会で集まれば、グチや悪口のオンパレード。そんな**ネガティブな環境から距離を置いたことも、ポジティブになれた理由**だと思います。

やったことないこと、知らないことに直面して、足がすくんでしまったときは、自分が設定したロールモデルのことを思い出してください。そして、「あの人だったらどうするだろう」と想像してみてください。

「あの人だったら、こうやって乗り越えるだろうな」「きっともう、すでにやっているだろうな」そんなふうに、**ロールモデルの思考や行動を借りる**のです。私はそうやって、恐怖や不安を乗り越えてきました。

いまでこそ私も、いろんなことを人に教えられるようになりましたが、副業でスタートしたときは、いまの私の1パーセントの知識もありませんでした。残りの99パーセントは知らないこと、未経験のことでした。

それでも、未知の世界に積極的に飛び込んでいったら、やがて知らなかったことが「知っていること」に変わり、やったことのないことが「できること」に変わっていきました。

未知のものに対して恐怖をおぼえるのは、生きものの本能です。なので、私たちはみんな、できるだけ「現状」という住み慣れた、安全・安心な場所にとどまろうとします。でも、本当の楽しみや喜びはそこから抜け出したところにあるのです。

ためらわずに、未知の世界へ踏み出してください。

## 言葉が変われば見た目も変わる

ネガティブな口癖をやめて、**ポジティブに言い換えるようになると、外見にも変化が出てきます。**表情が明るくなっていくのです。

「夢を叶えよう」と決心して私のところに来てくれた塾生さんにも、最初のうちは「自分にできるかな」といった、ネガティブな気持ちが残っています。でも、「あなたならできるよ」と伝え続けることで、「できる」に変わっていきます。

そういう**ポジティブな変化を体験するためにも、学ぶ環境は極めて重要**だと思っています。リアルでもネットでもつながる環境ができれば、人は積極的にコミュニケーションを取ろうとします。自然と、お互いのことをよく観察して、良いところを褒め合おうという雰囲気が生まれます。

最初は難しいかも知れませんが、新しい環境に入ったら、自分から意識してポジティブな発言をしてみてください。そうすると、周りの対応が変わってきます。みんながあなたのことを応援してくれるようになるのです。自然とネガティブな言葉も聞こえなくなります。


**ネガティブな言葉が口から出てしまうときは、たいてい具体的な行動を起こせていません。**「だって」「やったことない」「知らない」「まだ早い」「自信がない」。こうした言葉が出たら、黄色信号が点灯しています。あなたがいままでいた環境の「当たり前」や古い価値観にとらわれていませんか?

そんなときは、ポジティブな言い換えを思い出してください。

また、前に進む力が戻ってくると思います。信号も青に変わっているでしょう。

# 身近な人の存在をどう考えるか

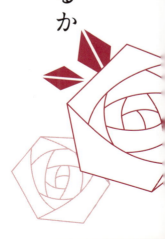

## 家族には相談するべからず

何か新しいことをするとき、誰でも不安を感じるものです。そうして家族に相談しようとする人がよくいます。少し語弊があるかもしれませんが、私は**家族に相談しても、良いことはあまりない**と思います。

私は塾生さんにも、**「相談するなら、プロに相談しましょう」**とお伝えしています。いまはインターネットで、問題の解決方法を知っている人と簡単につながることができるはずです。ビジネスで困ったとき、頼りになるのは、家族ではなく専門家なのです。

仮に家族が自分でビジネスをしているなら、どんどん相談してもいいと思います。有益な経験談を、親身に教えてくれるはずです。しかしそうではない場合、ためになるアドバイスは得られないでしょう。「起業しようと思うんだけど、どうかな?」と聞いても、「やめておきなさい」と言われるだけです。

普通に考えればそうなるとわかるはずなのに、なぜ家族に相談したがるのか。その行動の裏には、**自信がないから「家族に止められた」という言い訳をつくって、逃げたい気持ちがある**のではないかと、私は思います。

ある男性は、会社を辞めて独立したいと話してくれました。ところが、いつまで経っても一歩を踏み出そうとしません。「妻に相談してみてからでないと……」と渋るのです。

そこで私は、「奥様は何ておっしゃると思いますか?」と尋ねました。すると、「やめておきなさい、と言うでしょうね」と答えました。

本当は、本人もわかっているのです。聞く前から。

ようするに、まだ会社を辞めて独立する覚悟ができていないだけです。みなさん自分のことを思い返してみればわかると思います。何かを覚悟して、自分の考えで決めることができたとき、家族に相談しましたか?

## 「自分がどうしたいか」だけでいい

私はこれまで、仕事について両親に相談したことはありません。

1社目の大手電機メーカーを退職したときは、「もったいない」と言われましたが、強く反対されることはありませんでした。何度かの転職も事後報告でした。「今度、この会社に勤めることになったから」と伝えただけです。起業の際も、「やりたいならやってみればいい」というスタンスで、見守ってくれました。よく考えると、恵まれた環境だったのかもしれません。

副業を始めたとき、付き合っていた恋人にも、ビジネスの話は一切しませんでした。副業の収入が増えてからは、私のほうが高収入になっていたと思いますが、デートのときはおごってもらっていました。

私がやっていることについて、「理解してもらおう」とか、ましてや「許しを得よう」などという気持ちはまったくありませんでした。**いつも「自分がどうしたいか」だけ**です。ビジネスとプライベートは、完全に切り離していました。

それは友人関係も同じです。大切にしている友人に、ビジネスのことは話さないようにしています。聞かれたら答えるつもりでいますが、親しい友人ほど聞いてきません。「余計なことを聞いて、これまでの関係を壊したくない」という心遣いをしてくれているのかもしれません。

食事をするときも割り勘ですし、わざわざ高級なレストランに行こうとも思いません。なので、昔と変わらず、ずっと良い友だちでいられるのかなと思っています。

独身の人なら、プライベートとビジネスを切り離すことは簡単かもしれません。でも、結婚している人は、それぞれに家庭の事情があって、難しいことが多いでしょう。奥さんが妊娠中だったり、育ち盛りの子どもがいたり、両親の介護をしていたり。どちらか一方の収入に頼らざるを得ないような状況では、よりお金の使い方にシビアになるのは当然のことです。

もし、旦那さんや奥さんの理解が得られない場合、どうすればいいか。

**いちばんやってはいけないのは、「説得」です。**言葉をいくら尽くしたところで、他人の「当たり前」を変えるのは難しい。私も高校の「努力するのはかっこ悪い」という「当たり前」を変えることはできませんでした。でも、「未来」のあなたは周りの「当たり前」に合わせて生きることを望んでいるのでしょうか。「過去」のあなたにとらわれずに、行動してください。

説得している時間があるなら、すぐにビジネスを始めて、実績をつくりましょう。「今月はこれだけ稼いだよ」と通帳を見せれば、最初はどれだけ反対していても、少しずつ認めてくれて、態度が変わっていくもの。数字ほど説得力のあるものはありません。

副業で始めるのなら、確実な成果が出るまでは、家族に秘密にしておいたほうがいいかもしれません。軌道に乗ってきたら、「実はね……」と打ち明ければいいのです。

# 「席」はまだまだ残されている

## 手つかずの「隙間」を見つけよう

「ポジティブでいよう！」と思っても、周りの人がどんどん成功していくと、取り残されたような気になって、焦ったり、落ち込んだりしてしまうかもしれません。

**もし仲間が成功したら、素直に喜びましょう。**讃えましょう。嫉妬などする必要はありません。足の引っ張り合いなんて論外です。

なぜなら、**「席」はいくらでも残っている**からです。

たとえば最近、何億も稼いでいるユーチューバーの人がいます。でも、実際にユーチューバーになろうとする人はほとんどいません。「自分にはできっこない」「どうせたいして稼げない」「怪しい」「周りから反対された」。そんな理由で、誰もやろうとしないのが現実です。

その結果、ひと握りの、本当に優れた才能を持った人だけしか、ユーチューバーとして活躍できないように見えるだけです。

でも、市場全体を見れば、**まだまだ入り込める隙間はたくさんある**と思います。動画のジャンル、打ち出し方、ＰＲの方法。ほかの業界に比べれば、選択肢はたくさん残されています。その隙間に入っていけば、大きな収益を得られるはずです。むしろ、そうする人が少ないことのほうが不思議だといえるかもしれません。

ほかのビジネスでも同じです。トップにいる一部の人の華々しい活躍を見ると、「自分には無理」「もう遅い」と尻込みしてしまいそうになりますが、視線をちょっとずらせば、ガラ空きの場所があったりするものです。

ですから、仲間に先を越されたからと、いちいち焦る必要はありません。あなたはあなたのペースで、コツコツやっていきましょう。

## 「チートデイ」をつくる

「ポジティブな環境で仲間にも恵まれて、少しずつ収益も上がってきた……！」

「6カ月プログラム」を進めていくと、毎日頑張った成果が、あなたのビジネスにも少しずつ出てくるようになるでしょう。

でもときには、ビジネスとは関係のないところで、予期せぬトラブルが起こることもあります。体調を崩すとか、恋人にふられるとか。そんなとき、心が折れそうになって、大切な目標に向かって頑張ることができなくなったら、どうすればいいでしょうか？

そんなときは、思い切って休みましょう。**大事なのは、休息期間を決めること。**大変な状況なのに無理矢理続けたり、終わりを決めずにダラダラと休んだりするのはよくありません。1週間と決めたら、1週間はとことん休む、とことん遊ぶ。そして1週間経ったら、気持ちを切り替えて、目標に向かってまた頑張る。

ダイエットでも、その日だけは何を食べてもいい「チートデイ」をつくることが効果的だとされています。なかなか体重が減らない停滞期にチートデイをつくると、より速く停滞期を抜け出すことができるそうです。

ビジネスにおいても、**チートデイをつくるのはひとつの手**です。なかなか収益が上がらない停滞期に、「この日だけ」と決めて、友だちと美味しいものを食べる。ディズニーランドへ行く。温泉に入ってゆっくりする。

そうして好きなことを満喫したら、翌日からまたやりたいことに全力投球する。チートデイが、停滞期を抜け出すきっかけになるかもしれません。

さて、次の章では、「6カ月プログラム」を終えた後、さらに夢を加速していくにはどうすればいいかをお伝えしていきます。

自分を変えることができたのに、月20万円、30万円で満足するのはもったいない。より上を目指して、もう少し頑張っていきましょう。

# 第4章

# 最速で理想に近づく「PDCAサイクル」

# 知っておきたい思考法

## 「量質転化の法則」

みなさんは「量質転化の法則」をご存じですか？　量をこなせば質が上がり、質が上がれば量をこなせるようになる、という法則です。つまり、**最初はとにかく量をこなすのが肝心で、質は後からついてくる**、ということです。

私は文章を書くことが苦手だったので、本を読んだり、セミナーに行ったり。克服するためにいろんな勉強をしました。

でも、あるとき気づきました。実際に多くの文章を書くこと以外に、上達する方法はないと。そこで「一日10ツイート」という「課題」をみずからに課しました。

Twitterの短文とはいえ、普段から文章を書く習慣がなかったので、最初のうちはとても大変でした。スマートフォンへ入力しては消し、入力しては消し……の繰り返しでした。

でも、1カ月もすると、苦手意識が薄れていることに気づきました。ツイートに「いいね」がついたり、リツイートされたりと、良い反応がもらえるようになったのです。量をこなしたことで、質が上がってきたのだと思います。自分の書いたものが人に受け入れられていると感じて、自信がつきました。そうして3カ月後には、苦もなく「一日10ツイート」をこなせるようになりました。それどころか、一日に20ツイートでも、30ツイートでもできる。そんな気さえしました。ここでは、**質が上がったことで、量もこなせるようになった**のです。

もし私が、文章の書き方を本やセミナーで学んでいるだけだったら、いまも同じ場所で足踏みしていたかもしれません。**量をこなしたことで、成功に一歩、近づけた**のです。

天才的な小説家だったら、たくさん練習しなくても、きっと最初から素晴らしい文章を書けるでしょう。でもそれは、天賦《てんぷ》の才能です。

私をふくめ、大半の人は天才ではありません。**普通の人が何かを極めようとするなら、量をこなすことが唯一の方法**なのです。

## 「理系思考」

インターネットビジネスの場合、「質」の向上が目に見えてわかるのが良いところです。

たとえば、Twitterだと、どれだけ「いいね」がついたか、フォロワー数がどれだけ増えたか、どれくらいの人が見てくれたか、何回見てもらえたか、というように、具体的な数字が出ます。それらを定期的に確認することで、モチベーションを維持できます。

なので、日々の作業目標と結果をできるだけ数字に落とし込むことが大切です。つまり、**数で計れる作業目標を立てて、数で結果を判断する。**

このときに注意してほしいのは、**判断基準を、その作業にかける「時間」にしないこと。**たとえば作業目標を考えるとき、「Twitterを3時間やる」では、実際にどれだけのことができたのかはわかりません。そうではなく、「Twitterで10ツイートする」などとするようにしましょう。

英会話だったら、１カ月で単語を何個覚えようと決めて、毎日数個ずつ覚えていく。１カ月経ったら、いくつ覚えることができたか検証して、きちんと記録しておく。料理の味のように、数値化しにくいものは、先生や周りの人に「美味しさ」の点数をつけてもらうなど、できるだけ客観的な評価で判断するようにしてください。

男性と比べると女性のほうが、数字を意識するのが苦手な傾向があるように思います。「数字をちゃんと見ましょう」と伝えても、作業目標から抜けていたり、自分に都合の良い数字だけを見て、評価を甘くしてしまったり。

そうなると、いま自分が本当はどれくらいのレベルにいるのか、わからなくなってしまいます。ダイエットしているときに、「体重を知るのが怖いから、体重計に乗らない」と言うようなものです。

**いまの自分の状態をわかっていないと、いまやるべきこともわかりません。**いまは、人を集めて教えるべき時期なのか。それとも、「一日10ツイート」を続けるべき時期なのか。それを教えてくれるのが、数字という客観的な評価なのです。

練習すれば誰でも、数字やデータで物事を考えたり、評価したりすることができるようになると思います。数字で考える**「理系思考」**を取り入れてください。

# 問題解決に欠かせない「なぜ思考」

## なぜ鍋が温まらないのか

数字で考える「理系思考」のほかにも、夢を叶えるために身につけておきたい思考法があります。

それが**「なぜ思考」**です。日常のちょっとした問題にも「なぜ?」と疑問を持つ。そして、その「なぜ?」を繰り返して、さらに深く思考を掘り下げることを意識してみてください。私は普段の生活の中でも、気になったことは、「なぜ?」を追求するようにしています。

たとえば、先日友人と、あるお店に火鍋を食べに行ったときのことです。その店の火鍋は、ひとつの鍋の中に仕切りがあって、2種類のスープを同時に楽しめるようになっていました。ところが、コンロを点けてしばらくすると、右側のスープはぐつぐつしているのに、左側のスープはいつまで経っても沸かないのです。

なぜだろうと思い、よく見てみるとコンロの調子が悪いようでした。左側だけ火力が弱いのです。

それを店員さんに伝えたところ、こんな返事が返ってきました。

「そうなんですよ。いつも左だけ温まらないんです」

私は内心驚きました。店員さんは片側だけしか温まらないことをわかっていながら、どうして「なぜ?」と考えなかったのでしょうか。

「因果の法則」というように、**あらゆる結果には、必ず原因があります。**この場合、左のスープだけがぬるいという結果にも、必ず原因があります。

「なぜ?」と考えることができれば、コンロの火が左だけ弱いことに気づきます。そうすれば、新しいコンロを手配するとか、すぐに修理ができない場合でも、鍋を90度回せば両方温まる、という改善策を思いつきます。

でも、このお店には「なぜ思考」がなかった。だから、ずっと片方だけぬるいスープで火鍋を提供し続けていたのです。

**①目の前の事象に「なぜ？」と考える**
**②原因、理由を発見する**
**③ソリューション（解決策）を考え、実行する**

**夢を叶えるためには、常に結果に対する原因を考えて、改善を重ねていく**ことが大切です。そのためには、どのようなことに対しても、まず「なぜ？」と考える「なぜ思考」が欠かせないのです。

## 「なぜなぜ７回」でヒントを探す

**「なぜ思考」は、ただ考えるだけでなく、繰り返すことが重要**です。「なぜ？　なぜ？　なぜ？……」と、「なぜ？」を深掘りすること。

**すぐに思いつく答えは、たいてい表層的な原因**です。それを解決しても、また同じようなことが起きてしまいます。**その奥にある真の原因を見つけないと、根本的な問題の解決はできません。**

世界有数の自動車メーカーであるトヨタは、社員に対し「なぜ?」を5回繰り返すことを教えているそうです。「なぜなぜ5回」という合言葉で有名ですね。

私は、さらに増やして、**「なぜ?」を最低でも7回繰り返す**ことをおすすめしています。

単純な思考実験ですが、たとえば、「毎朝、会社に遅刻しそうになる」という問題があるとします。

**①なぜ毎朝、家を出る時間が遅くなってしまうのか?**
↓ぎりぎりまで、準備をしているから

**②なぜぎりぎりまで、準備をしているのか?**
↓準備の時間が足りないから

ここで「なぜ?」を止めてしまうと、朝にやることが多過ぎるのか、準備のための時間が短過ぎるのか、真の原因がわかりません。
そこで「なぜ？」をもっと深掘りしてみます。

**③なぜ、準備の時間が足りないのか？**
↓起きる時間が遅いから
**④なぜ起きる時間が遅いのか？**
↓目覚ましが鳴ってもすぐに起きないから
**⑤なぜ目覚ましが鳴ってもすぐに起きないのか？**
↓眠いから
**⑥なぜ、眠いのか？**
↓夜寝る時間が遅いから
**⑦なぜ、夜寝る時間が遅いのか？**
↓夜遅くまでテレビを見ているから

このように「なぜ？」を深掘りしていくことで「夜遅くまでテレビを見ているから、

眠くて朝起きられない」という事実が見えてきます。

ならば、「好きなテレビは録画して週末に見る」など、今後の解決策のヒントが見えてくる。そこまで「なぜ?」を繰り返して、初めて現実的なソリューションが見えてくるのです。

# 「ＰＤＣＡサイクル」の回し方

## 一日１回のＰＤＣＡ

「ＰＤＣＡ」という言葉があります。ビジネスの世界では広く浸透している考え方なので知っている人も多いと思います。

ＰＤＣＡとは、次の４つの英単語の頭文字を取った言葉です。

①Plan（計画）
②Do（実行）
③Check（評価）

## ④Action（改善）

これらを順番に繰り返し行なうことで、物事を改善していく。それがPDCAサイクルです。

私の場合は、これを**「高速で回す」ところにポイントがある**と思っています。一般的には、毎月の取り組みとその結果の検証など、PDCAサイクルは、1カ月で一周するくらいのイメージです。短くても1週間単位でしょうか。

でも私は、それでは遅過ぎると思います。特に変化の激しいインターネットビジネスでは、あまりに悠長です。**PDCAサイクルは、一日単位、いや、場合によっては数時間単位で回す**必要があります。とにかく高速でぐるぐると回さなければいけないのです。

ただ、あまり厳密にしていくと、無理が出てきてしまいます。ビジネスを始めた当初、私がいちばん最初に設定した「P」は、「Twitterで毎月300ツイートすること」でした。それを達成するために、「D」を「一日10ツイート」としたのです。

でも、どうしても7投稿しかできない日もあります。それを「今日はDを達成できなかった……」と考えてしまうと、ＰＤＣＡサイクルを回すことが、ただただプレッシャーになってしまいます。

もちろん、「なぜ、7投稿しかできなかったのか？」という深掘りは必要です。でも、翌日に13投稿できれば、それで結果的にはクリアです。

一日単位でＰＤＣＡサイクルを回すという設定自体は大事ですが、それを実践できたかどうかの結果は、1週間で帳尻を合わせられたらいい、くらいの感覚で大丈夫です。

それに、一日単位で作業を進めたとしても、その成果が一日で出るとは限りません。

たとえば、料理の腕を上げるために「一日3品つくる」を「D」にしたとします。でも、そのとおりちゃんと3品つくったとしても、2品しかつくれなかったとしても、一日だけで料理がうまくなるわけではありません。味の改善策も、一日ではなかなか思いつかないでしょう。うまくいかないまま数日が過ぎ、どこかで急に良い案が浮かんで、一気にＰＤＣＡサイクルが回る、ということもあるはずです。

**一日一日の結果に、一喜一憂せずに、1週間程度で調整できる流れをつくる**こと。それがＰＤＣＡサイクルを無理なく回していくポイントです。

## 注意！　ＰＤＣＡの落とし穴にはまらないために

このＰＤＣＡサイクルを回すために、先ほどお話した「なぜ思考」がとても重要です。

ＰＤＣＡをうまく回せない人の中でいちばん多いのが、「Ｐ」→「Ｄ」→「Ｐ」→「Ｄ」のように、「Ｐ（計画）」と「Ｄ（実行）」だけを回しているタイプ。「Ｃ（評価）」「Ａ（改善）」にたどり着いていないのです。

こうなってしまう原因は、まさに「なぜ?」がないからです。

計画を立てた。実行できなかった。また次の計画を立てた。実行できなかった……。延々、この繰り返しにハマっていて、抜け出すことができません。「なぜできなかったのか」「どうすればできるようになるのか」を考えなければ、当然先には進めないのです。

それに、「Ｃ」まではできても、「Ａ」に進めない人もいます。「Ｃ」の結果、うまくいかなかった。だからまた新しい「Ｐ」を決めて繰り返す。あるいは、結果としてうまくいったけれど、その理由を探そうとしない。
「なぜうまくいかないのか？」「どこに問題があったのか？」「なぜ成功したのか？」「どうすればもっとよくなるか？」を考えなければ、どんなことでも上達は望めません。「なぜ？」の深掘りがないと、ＰＤＣＡサイクルはきちんと回らなくなってしまうのです。

自分自身がそうなってしまっていると感じたら、**「内省の時間」**をつくるようにしましょう。「今日はどれだけ達成できたかな」と「Ｃ」をして、もし達成できていなかったら、「なぜできなかったんだろう」と考えるのです。

みなさん、忙しい毎日を送っていることでしょう。時間を取るのは大変だと思いますが、毎日ＰＤＣＡサイクルの検証をすると、結果、失敗が少なくなり、早く目標に到達できるのです。

## 実践！「料理ビジネスで独立する」

ここでは例を挙げて、実際にどうやって「ＰＤＣＡ」を実践したらいいのかを考えてみましょう。

ある女性が、「料理をビジネスにして独立したい」という目標を立てました。どのようにＰＤＣＡサイクルを回せばいいでしょうか。

料理のスキルが足りていない状態からのスタートであれば、まず「家庭料理をマスターする」という「Ｐ（計画）」を立ててみます。

次の「Ｄ（行動）」は、「家庭料理をマスターする」ためにすべきことです。たとえば料理教室に行く、習ったものを家でつくってみる、オリジナルレシピをひとつ考える、家族に食べてもらって感想を聞く、Instagramに写真を上げてフィードバックをもらう。

一日が終わったら、「Ｃ（評価）」を考える「内省の時間」です。ちゃんと「Ｄ」をできたかどうか、食べてもらった感想はどうだったか、Instagramの「いいね」はどれだけついたか。

そのとき、たとえば「ちょっと味が濃かった」という感想があったとしたら、それについて「なぜ思考」で考えることで「Ａ（改善）」を産み出すことができます。調味料を減らして味つけを薄くしてみる、調味料を減塩のものに変えてみる、健康食やダイエット食に関する本を読んでみる。

この**「A」が、そのまま翌日の「D」になります。**

「Ｐ」は達成するまでそのままで、「家庭料理をマスターする」。「Ｄ」が、味つけを薄くしてみる、調味料を減塩のものに変えてみる、健康食に関する本を読んでみる、などになるわけです。そして一日の終わりに、やはり「Ｃ」「Ａ」の時間を取って、これらの行動がきちんと達成できたか、狙いどおりの結果が出たのかを検証します。

いちばん良くないのは、先ほどお伝えしたように、「Ｃ」「Ａ」が抜けてしまうこと。そうすると、「家庭料理をマスターするぞ、料理教室に行ったぞ、家族にも食べてもらったぞ、Instagramにも上げたぞ、よし、明日も頑張ろう！」で終わってしまいます。これでは何の進歩もありません。

ＰＤＣＡを繰り返して、「家庭料理をマスターする」という**「P」を達成することができたら、次の「P」を考えます。**たとえば、料理のバリエーションを増やしたいなら、イタリアンをマスターして、つくれる料理の幅を広げる。薄味の健康食に興味を持ったなら、もっと研究して、自分のウリにする。フォロワーを増やしたいなら、

Instagramに上げる写真の撮り方をマスターする。

そうして新たな「P」が決まったら、また同じようにサイクルをぐるぐる回していきます。

基本はこの繰り返しです。一日単位でひたすらPDCAサイクルを回していくことで、着実に前に進んで行けるのです。

# 大きなＰＤＣＡで「人生」を回す

## 互いに影響し合うサイクル

**ＰＤＣＡサイクルは、同時に複数の分野で回していかなければいけません。**なぜなら、私たちの目標は「生き方」に関わってくるからです。

私の目標は「好きなことを仕事にして、好きなときに旅行にいくこと。死ぬときに後悔することのない人生を送ること」です。であれば、当然仕事がうまくいくだけでは目標を叶えられません。本業、副業、資格勉強、人脈づくり、恋愛、美容、健康など、取り組んでいかなければいけないことは山ほどあります。

そのためにも「なぜ思考」が大事です。**「なぜ」を繰り返すことで、「Ｐ」のバリエー**

**ションが増えていく。**「なぜ仕事がうまくいかないのか」だけでなく、「なぜ勉強が進まないのか」「なぜ人脈が増えないのか」「なぜ肌荒れしてしまっているのか」と考えるようになる。そうして自分が取り組むべき課題が、ひとつずつ見えてくるのです。

これらすべてのPDCAを効率良く回していけると、それぞれのサイクルがさらに早く、確実に回っていくようになります。

たとえば人脈づくりのPDCAで得たノウハウは、恋愛にも生かせます。美容のPDCAで得た情報が、本業に生かされることもあります。**一つひとつのPDCAが高速でぐるぐると回り、全体で「目標を達成する」という大きなサイクルになる**イメージです。

## 上手に回すポイントは「D」の数

そうとはいえ、ある程度慣れるまでは、どうしても回すスピードが遅かったり、どれかひとつしか回せていなかったり、途中で止めてしまっていたりと、すべてをキレイに回すことはできないと思います。

### ❖人生の目標を叶える「PDCAサイクル」のイメージ

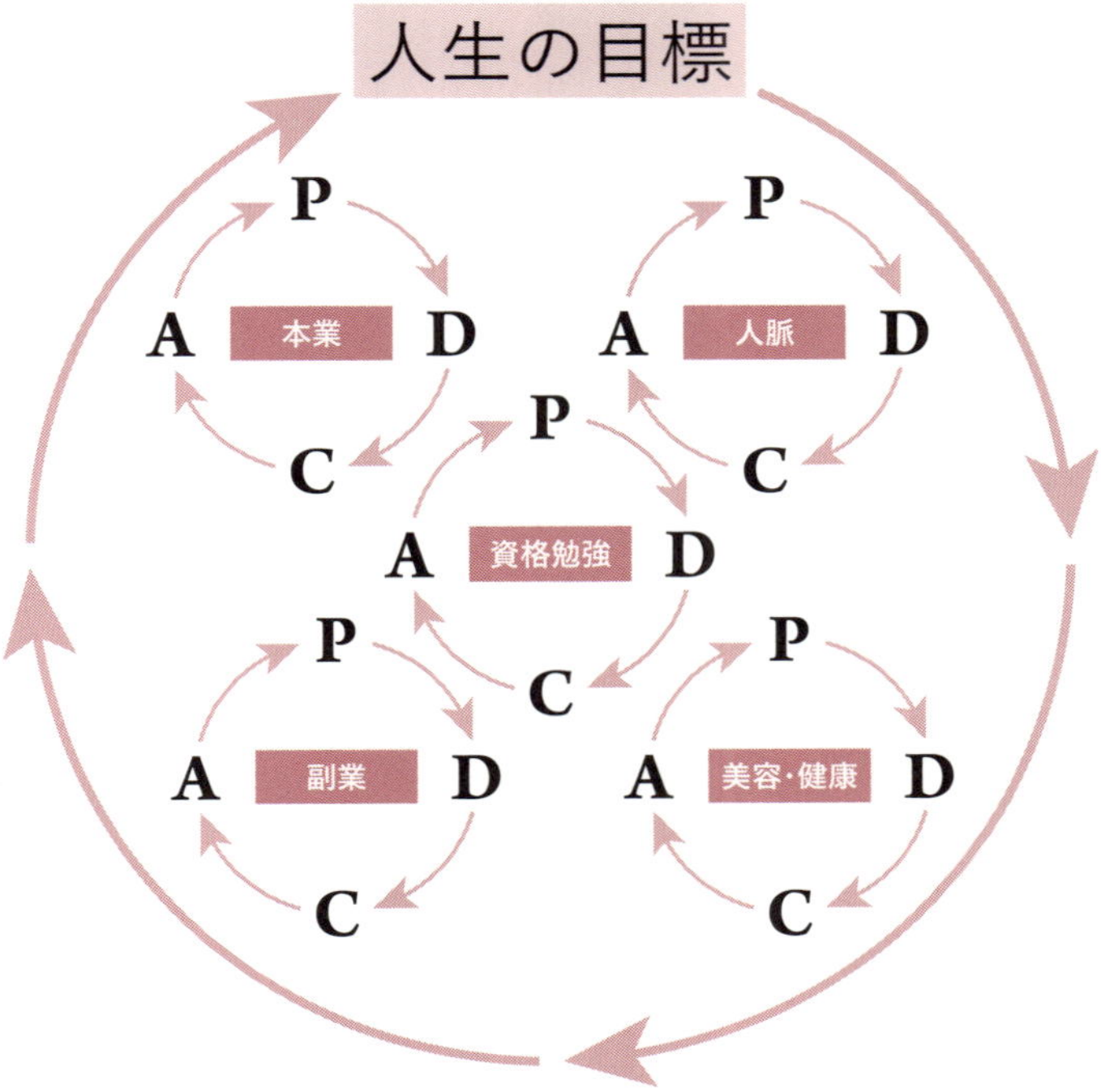

その原因のひとつは、「D」の数です。仮に回さなければいけないPDCAが4つあって、それぞれ「D」が3つずつなら、一日に計12個の「D」をこなさなければいけません。そうなるとさすがに難しくなります。「今日は料理のスキルを上げるPDCAサイクルを回す日」「今日は資格勉強のPDCAサイクルを回す日」と分けてもいいでしょう。

人が一日のうちにできることは限られています。私の場合、**ひとつのPDCAサイクルの中で、一日にする「D」は3つまで**と決めています。**同時に回すPDCAサイクルの数も多くなく、たいてい2つくらい**です。「D」の合計は、6つですね。

「D」の数が多過ぎると、残った「D」を無理やり消すために、取り組みが雑になってしまうこともあります。結果、生産性や質が下がることにもつながります。追われているような気持ちで一日を過ごしたり、夜になっても未完了の「D」が残っていたりすることは、気分的にも良くありません。それなら、翌日に回したほうがいいでしょう。

ただしそのときも、**翌日の「D」の合計を増やさないこと。**「D」がどんどん溜まっていくことになりかねません。ちゃんと前に進むことができていれば、マイペースで大丈夫なのです。

## 「記録」はあなただけの財産になる

実行すべき「D」を忘れてしまうことを避けるために、手帳などに書いている人もいますが、私は**紙に書き出すメリットはあまりない**と考えています。

手帳に今日やる「D」を書いて、ひとつずつ消していく……。一見、効率的に見えますが、実はそうでもありません。まず書き出すだけでも時間がかかるし、労力もかかります。いちいち手帳を見直す時間も、もったいない。

私はその日にやるべき「D」を、朝、歯を磨いているときに、頭の中でパパっと決めてしまいます。いちいちメモしたりはしません。逆にいえば、それくらいで覚えておけるような数でなければ、「D」が多過ぎるのだと思います。

ただし、**予定ではなく、「その日にやったこと」は記録しておく**ことをおすすめしています。

その日にどんなことをやったのか、どんな結果だったのかを残しておくと、たとえば売上が上がったときに、自分がどんなことをしていたのかがわかります。逆に、売上が落ちたときはどんなことをしていたのかも、後から要因を分析できます。

まずは紙に書いて記録してみましょう。コツは、少し大きめの紙を用意して、1枚に1週間分の「やったこと」を記録すること。こうすると全体像を捉えやすいので、振り返りが楽になります。

それに、紙に記録することで、ＰＤＣＡが意識から抜けないようにする効果もあります。忘れかけたとき、すぐに目に入ってくるよう、部屋の目立つ場所に貼っておきましょう。

こうして**自分がやってきたことを積み重ねると、再現可能な「ノウハウ」が出来上がります。**誰のものでもない、あなたオリジナルの貴重なノウハウです。

もちろん自分だけで活用してもいいのですが、それよりほかの人にシェアしたほうが収益につながります。つまり、得たノウハウを先ほどお伝えした「教えるビジネス」の材料にするということです。

意外なのは、売上が上がったときよりも、売上が下がったときのデータのほうが役に立つということ。なぜ下がったのか、理由がわかっていれば、二度と同じ失敗をしないで済むからです。

これを理系の研究者の間では、「ネガティブデータ」と呼んで、大切にしています。科学はネガティブデータによって進歩してきた、と言う人もいます。

「こうすればうまくいく」というノウハウと、「こうすると失敗する」というネガティブデータは、車の両輪のようなものです。どちらが欠けても、前に進みません。うまくいかないときのデータも、きちんと記録するようにしてください。

さて、次の章がいよいよ最後になります。

そもそもお金とは、どういうものなのか。「稼ぐ」とはどういうことなのか。お金はあればあるほど幸せなのか。

みなさんと一緒に考えていきたいと思います。

# 第5章

# これからの女子のお金の考え方

# お金にモテるためには

## 周りの人の平均年収が自分の年収

「類は友を呼ぶ」という言葉があります。読者のみなさんも、自分の親しい友人を思い浮かべてみると、みんな、何となく似ていませんか？

容姿、ファッション、メイク、趣味、話し方、学歴……。私自身は、背が高いほうなので、古くからの友人も身長の高い人が多いですね。

収入も例外ではありません。周囲には、自分とだいたい同じくらいの年収の人が集まっていると思います。**自分の周りにいる10人の平均年収が、自分の年収になる**といわれています。これは、私の体験的にも当たっている気がします。

これを逆に考えてみます。周囲の人と同じくらいの年収になるということは、**周りの年収が高ければ、自分の年収も高くなるはず**です。いま、あなたの周りの人の平均年収が300万円だとしたら、そこから抜け出して、平均年収1000万円の人たちの輪に飛び込んでみるのです。

最初のうちは、会話についていくのも大変かもしれません。でも、めげずに一緒に行動して、追いつこうと頑張っているうちに、**稼ぐ人の思考、情報が自分にインストールされて、やがて、自分も稼ぐ人へと変わっていきます。**

「本当かなあ?」と思うかもしれませんが、私自身、同じ時間を過ごす人を変えたことで、いまの自分があります。

会社員時代は、平均年収300万円の人たちに囲まれていました。一緒にランチを食べながら、いつも仕事のグチを言っていました。それ以上の年収を得ることができるなど、思っていませんでした。

でも、ロールモデルの方との出会いがきっかけで、突然、平均年収5000万円の輪に入ることになったのです。

最初はあまりの世界の違いに、ただ唖然とするばかりでした。でも、必死で彼らについてビジネスを始めていくうちに、自分の考え方、行動が変わっていくのを感じました。入ってくる情報も、ガラッと変わりました。こうして収益が、どんどん上がっていったのです。

もちろん、**ビジネスと関係のない幼なじみや、学生時代の友人とのつながりを捨てる必要はありません。**それもとても大切な関係性です。でも、惰性で付き合っている関係や、自分にとって必要ないと感じるしがらみがあるなら、この際、スッパリ切ってしまいましょう。モノでも、人でも、情報でも、いらないものは思い切って捨てて、**スペースを空けておかないと、新しいものは入ってきません。**

いま私の周りには、好きな人しかいません。聞けば驚くような年収を稼いでいる人もいますが、かといってお金に縛られているわけでもない。仕事のお誘いにしても、「お金になるから一緒にやろうよ」ではなく、「面白そうだから一緒にやろうよ」と言ってくれる人ばかりです。だから、対人関係のストレスがまったくありません。

**いまあなたがいる場所は、本当にあなたがいるべき場所でしょうか。**あなたが、「こんな人生を送りたい」「こんな風になりたい」「一緒にいたい」と思う人たちがいる場所に自分を置いてみましょう。

## お金は貯めずに動かす

あなたが月収１００万円を達成したとしましょう。そのとき、月30万円で生活できるからといって、残りの70万円はすべて貯金、というお金の使い方をしていると、やがて月収は90万、80万、70万……と落ちていきます。

世の中、どんどん新しいモノやサービスが生み出されています。宣伝や販売のために、さまざまなツールが使われています。いつまでも、同じ質のものを同じ方法で提供していたのでは、ほかと比較されたときに選んでもらえないだけでなく、ターゲット層の目に留まることもないのです。

すでにお伝えしましたが、**新しいことをしなければ現状維持すらできない**のです。一度成功しても、お金をかけてビジネスをより良いものにし続けていないと、お客さんはどんどん離れていってしまいます。

### ❖ビジネスを加速させる「お金の動かし方」

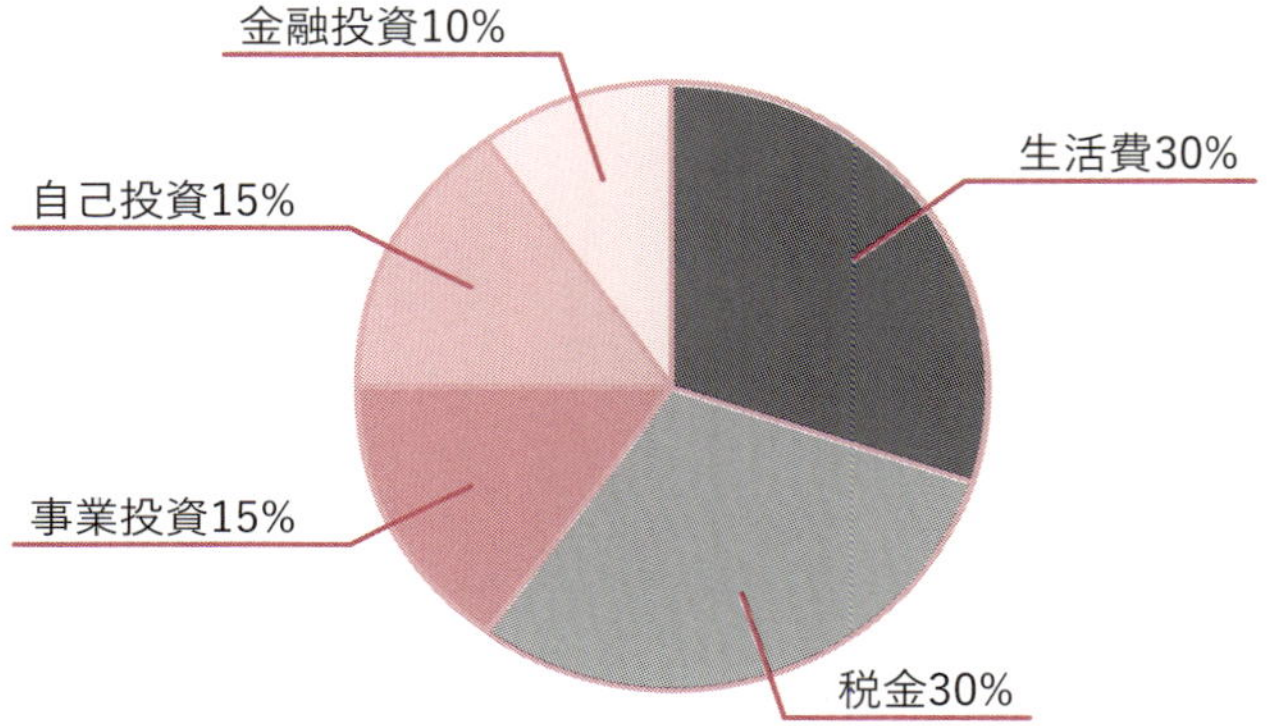


そうならないためには、どうすればいいか。

**お金を「動かす」**のです。

あくまで一例ですが、月収１００万円の場合、私ならこのように振り分けます。

**まず、生活費**の30万円。別の口座に移しておくことをおすすめします。あらかじめ確保することで、使い過ぎを防げます。

**次に考えるべきは税金**です。お金を使い過ぎて、翌年の税金が払えなくなる人がたまにいますが、生活費と同様、先に確保しておけば安心です。月収が１００万円なら、30万円を確保しておきましょう。できればこれも別に口座をつくって、自動的に積み立てておくのが望ましいと思います。

残りは40万円。**ここからはすべて投資に回します。**

投資先は、3つに分けます。

**ひとつめは、「事業投資」。**15万円確保します。私の場合、広告費や外注費が多いでしょうか。ビジネスを加速させるために、必要なお金です。

**2つめは、「自己投資」です。**ここまで読んでいただいたみなさんはおわかりかと思いますが、自分のビジネスで稼げるようになっても、自己投資は続けていかなければいけません。スクールやセミナー、教材、有料メールマガジンなど、自分のスキルを高めたり、インプットを増やしたりするために使うお金です。英会話スクールや、料理教室のレッスン代も、この中に入っています。事業投資と同様、15万円確保しておきましょう。

**最後の10万円は、「金融投資」です。**将来に備えて、株式、投資信託、債権、外貨預金、仮想通貨などに、分散して投資します。余裕ができたら、不動産投資を視野に入れてもいいですね。

ちなみに、私は**現金での貯蓄は積極的に行なっていません。**お金を増やすためには、「貯める」よりも「動かす」ことが大切です。生活費の30万円のうち、あまった分を残しておくくらいでいいと思います。

月収の30パーセントに当たる、事業投資と自己投資は、ビジネスをより加速するための経費です。その割合を大きいと思う人もいるかもしれません。でも私は、ここで投じたお金は、必ず何倍にもなって返ってくると思っています。１００万円だった月収が、やがて２００万円になり、３００万円になっていく。そのための必要経費と考えて、大胆に投資にお金をあててください。

# 稼ぐための自分の見せ方

## ほかの人がしていないことをする

**どんなビジネスをするにせよ、「自分をどう見せるか」はとても重要です。**いわゆる、セルフプロデュースですね。

私も、会社員時代は、セルフプロデュースなんて考える必要はありませんでした。「私はこういうものです」と、社名の入った名刺をさし出せばとりあえず信用してもらえます。

でも、会社を辞めて一歩外に出たら、看板は自分自身。その看板をどうつくり上げていくか、考えなければいけません。

私はセルフプロデュースを考えるに当たって、**「ほかの人がしていないことをする」**を基本にしています。

たとえば、プロフィールの工夫です。インターネットビジネスの世界では、やはり匿名性に不信感を抱く人が多い。なので、いわゆる「顔出し」をしたほうが信頼感を得ることができ、収益も伸びるとされています。

それは間違いではありませんが、私は、インターネットにも、マスメディアにも、一切顔出しをしていません。それが逆にみなさんの印象に残るようです。みんな顔出しをしている中で、逆に珍しい存在になるわけです。「実物はどんな人なんだろう」と想像させたり、「実際に会ってみたいな」と思わせたりする効果も出ているようです。私のことを覚えてくれる人も増えました。

正直、初めはそこまで計算していませんでした。私はただ、ストレスゼロの自由な生活を守りたかっただけ。顔を出してみんなに知られると、どこへ行くにも気を遣わなければなりません。それが嫌だっただけなのです。

でも結果、それが自分の強みに変わりました。**自分の本心に素直に従えば、あなた**

**だけの強みが見つかる**かもしれません。

投資の世界では、「人の行く 裏に道あり 花の山」という言葉があります。利益を得るためには、他人とは逆の行動をとらなくてはならない、という意味です。

あなたのビジネスで、セルフプロデュースを考えるときは、ぜひこの言葉を思い出してください。

## どんな人が集まってきてほしいか

とはいえ、何でもかんでも普通とは逆のことをやればいいわけではありません。**セルフプロデュースにも守るべき「型」があります。**

たとえば服装なら、ただ自分の好きな服を着るのではなく、ビジネスのターゲットとする層に好まれるような服を選ぶようにしてください。**みずからターゲットに歩み寄る姿勢**がポイントです。

女性起業家や、女性起業家を目指している人をターゲットにするなら、彼女たちが好むような服装、髪型、メイクをするべきです。具体的には、雑誌『VERY』に載っているようなカジュアルなスタイルです。なのに『Ｏｇｇｉ』や『Ｄｏｍａｎｉ』に載っているようなオフィス向けの格好をしていたら、お客さんも、ビジネスパートナーも集まらなくなります。

**見た目の印象は、とても大切**です。どれだけ素晴らしいスキルを持っていても、どれだけすごい実績を持っていても、最初は見た目の印象で判断されるのが現実です。

顔出しをしている人は、プロフィール写真にも気を配ってください。私はプロに撮ってもらうことをおすすめしています。最近は自撮りでもキレイに映るアプリがありますが、やはりプロが撮った写真はひと目見ただけで違いがわかります。

さらにいえば、**自分のトレードマークをつくる**といいでしょう。「○○さんといえば、○○のイメージだよね」というのがあると強みになります。

いつも赤のワンピースを着ているとか、帽子をかぶっているとか、同じアクセサリーをつけているとか。何でも構いません。たとえばいつも赤の服を着るのなら、自分のウエブサイトも赤でまとめるといいですね。赤を自分のテーマカラーにするのです。

自分の名前はなかなか覚えてもらえないのですが、「あの赤の人」というイメージを強調することで、印象に残りやすくなるのです。

外見だけでなく、文章の表現を変えるだけでも、集まる人は変わります。

私の例でいうと、以前は男性の読者を意識してブログの記事を書いていました。インターネットビジネスの世界では、圧倒的に男性のほうが多いからです。語尾を言い切って強めの言葉にしたり、どんなこともロジックで説明するようにしたり、男性が読んでどう感じるかを大切にしていました。実際、当時は男性の読者のほうが多く集まりました。

けれど最近は、人生を変えたい女性のお手伝いをメインに据えているので、文章も女性向けに変えています。やわらかい文体にしたり、女性に共感してもらえるようなエピソードを多めに入れたり。すると、ちゃんと女性が集まってくれます。

誰に向けてアピールしているのか、そのためには自分をどう見せればいいのか。狙いを持って実行していくことが大切なのです。

# 稼ぐ女子の幸福論

## 王子様は自分で探す

女性が独立や起業を考えるとき、切っても切り離せないのが、恋愛や結婚、出産です。人生の大きな転換期でビジネスと両立できるのか、心配する人もいるかもしれません。

厳しいかもしれませんが、「6カ月プログラム」の間は、「恋愛を断つ」くらいの気持ちでいるべきかもしれません。それくらいの覚悟でやらないと、結局どちらも中途半端で終わってしまいます。

でも、安心してください。あなたが目標に向かって、やりたいことをやり続けていると、人生において**同じ目標や価値観を持つ男性が、自然と集まってくる**ようになります。引き寄せられてくるのです。

収入面でも同じことがいえます。ビジネスが軌道に乗り、大きな収入を得られるようになったら、やはり同じくらいの収入がある男性が集まってきます。

自分は何の努力もしないで、「年収1000万円の人と結婚したい」などと言う人がいますが、それは無理な相談です。もし年収1000万円の人と結婚したいなら、自分が年収1000万円を稼げるようになること。それが最も確実な方法です。

少し嫌な言い方かもしれませんが、私自身、以前と比べて「良い」男性と出会えるようになりました。収入も、社会的地位も、ルックスも、人間性も。

時間は多少かかっても、必ず自分にふさわしい男性が現れるようになります。そのときを楽しみに、いまは目の前のことに打ち込んでください。

## すべてを叶えるライフスタイル

女性のキャリアは、どうしても結婚や出産で途切れがちです。

育休が取れず、仕事を辞めざるを得なかった。親の介護など、家庭の事情で専業主婦にならざるを得なかった。子どもが手離れしたので社会復帰したいけれど、ブランクが長いためパートや派遣の仕事しか見つからない……。

働くためには**「会社に勤める」という選択肢しかないと思っていると、「働きたくても会社員になれない」という状況が、つらくなってしまいます。**

私がやっているようなインターネットを使う仕事の良いところは、結婚や出産と両立できることです。インターネットさえつながっていればいいのですから。結婚しても出産しても、自立して仕事をしていたい、と考える人には、向いていると思います。

誤解のないようにお伝えすると、私は決して、専業主婦を否定しているわけではありません。私の母も専業主婦だったので、お母さんが家にいてくれる安心感、家のことを丁寧にやってくれるありがたみは、よくわかります。

ただ、私は、「お母さん」としての役割と同じくらい、いまの「仕事」も頑張りたいな、と思っています。私の夢や理想を叶えるためだけに、仕事をしたいわけではありません。将来生まれてくる子どもの人生のためにも、私がイキイキと仕事をする必要があると思うからです。私が夢を追う姿を見せることで、子どもも自分の目標を持つことの大切さを知ってくれると思います。そして将来、その大切さを周りの人にも伝えていってくれたら、うれしいです。

それを叶えてくれるのが、いまの私のライフスタイルなのです。

# お金は何のためにあるのか

## 人生を支配されないために

目標を立てるとき、収入で考えてはいけないとお伝えしました。

これは非常に大事なことだと思います。**お金を稼ぐことを目標にすると、自分の理想の生活からどんどん離れていってしまう**からです。

たとえば、毎月１００万円の収入を目標にしたとしましょう。会社員なら、固定給が入ってきますが、独立してビジネスを始めると、一気に収入が不安定になります。１００万円の月もあれば、２００万円の月もあるし、10万円の月もあるかもしれない。

１００万円稼ぐことを目標にしていると、売上が落ちたときや思うように上がらな

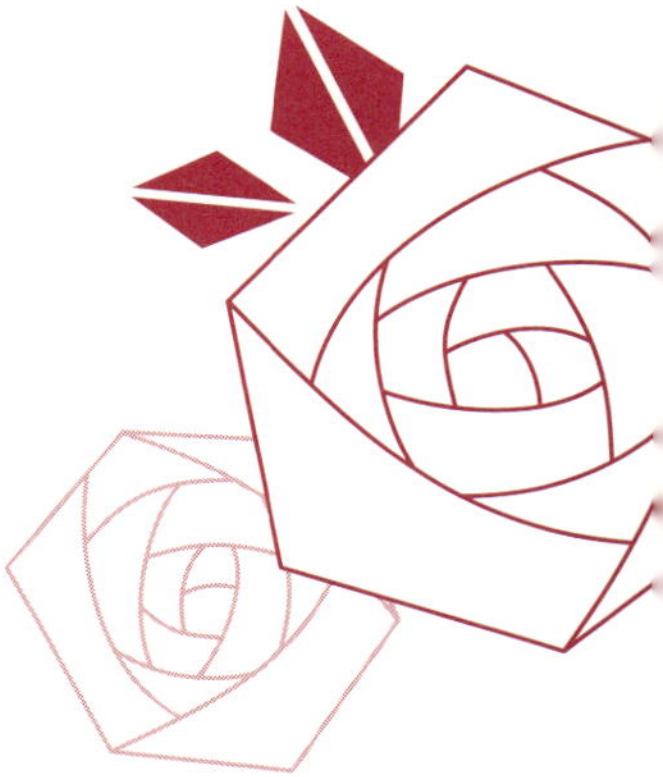

いとき、たちまち毎日お金に追われるはめになります。「あと1週間で30万円稼がないと、目標に届かない！」と焦って、悩んで、苦しんで。せっかく独立して自由を手に入れても、そんな生活は嫌ですよね。

それに、収入を目標にすると、その**金額を達成したとたんに満足して、向上心がなくなってしまう**という問題もあります。

お金を目標にしている人は、仮に成功しても、大金を稼いだだけで満足してしまいます。なので、それ以上努力しなくなる。稼いだお金をどんなことに使うのかも、考えていない。お金を次の事業や、自己投資に回すこともせずに、高級車や夜遊びなどで使い果たしてしまう。そうして消えていく人は私の周りにもたくさんいました。

私の目標は、「自分の好きなことを仕事にして、好きなときに旅に出る」こと。**この目標には明確な終わりがありません。**好きなこと、やりたいことは次から次へと出てくるし、世界にはまだ行ったことのない場所がたくさんあります。だからこそ、それらの夢を叶えるためにもっと成長しようと頑張り続けることができる。

もし、これが「月収１００万円」という目標だとしたら、金額的にも、人としての成長もそれ以上の広がりがありません。一度達成しても、翌月からは１００万円を維持していくことだけが目標になってしまう。

現状維持を目標にするのは完全にアウトです。**いまよりも上を目指して頑張り続けて、やっと「現状維持」できる**のです。そこから成長していくには、さらに努力が必要になります。

**簡単に達成できなくてもいい。人生の目標は高く設定**してください。あくまでお金は、目標を達成するためのツールに過ぎないのです。

## 自分以外の人を幸せにするツール

人生において、**お金より大切なものはたくさんあります。**いつも支えてくれる家族、地元の友人、仕事を通して出会った素敵な方々……。大切な人と過ごす時間や思い出は、お金では決して手に入れることはできません。

でも、結婚、出産などの大きなイベントや、病気、事故、介護などの思いもかけないトラブル、人生で避けられない出来事……。**お金によって解決できたり、負担や心**

**配を減らせたりすることがあるのも、重要な事実**です。

大きな夢や目標を叶えようと思ったときも、それなりにお金が必要になります。「いまの人生で、やりたいことを全部やろう」「憧れのライフスタイルを手に入れたい」という願いは、会社員の収入だけで実現できないでしょう。

私が会社員で、月収20万円だったときは、やれることが明らかに制限されていました。海外旅行に行きたいとか、英会話を習いたいとか、「お金に余裕があったらやりたいこと」はたくさんありました。

でも、「お金がないから」とすべてあきらめていました。というより、やってみたい気持ちを、心の奥に押し込めていました。なので、自分が本当は何をやりたいのか、わからなくなっていました。**お金がないと、やりたいことができないだけでなく、自分自身も見失ってしまう**のです。

そして何より、**お金は、自分以外の人を幸せにしたり、助けたりすることもできます**。私は前よりも大きな収入を得るようになって、このことをいちばん実感しました。

たとえば、もしあなたの両親が大きな病気にかかったら……。お金があれば、最先端の治療を受けてもらうことができます。少しでも快適に過ごせるように、入院先の病室を個室にすることもできます。子どもに好きな習いごとをさせてあげることもできます。もし将来「海外に留学したい」と言われても、お金の心配なく、気持ち良く送り出すことができます。

それに、**税金をたくさん納めることで、社会貢献もできます。**公園も、学校も、道路も、すべて私たちの税金でつくられているのです。

「お金は汚いもの」「儲けるのは悪いこと」と思っている人がたまにいますが、そんなことはありません。**お金は自分も、身近な人も、そして社会も豊かにする、大切なツール**なのです。

# 「高収入」が私たちに与えてくれるもの

## お金で得られるもの

私はいまの仕事を始めて、お金に対する考え方が大きく変わりました。

まず、**お金を稼ぐことへの意識**です。

会社員時代は、月末に20万円が振り込まれていても、「自分の手で稼いだお金」という気がしませんでした。頑張っても頑張らなくても、「週5日会社に行ったらもらえるお金」という感じで、ありがたみもありませんでした。

でもいまは、頑張ったら頑張っただけ、通帳の数字に反映されます。なので、収入が上がったら心の底からうれしいし、「会社」という後ろ盾なしにお金を稼ぐことがどれだけ大変か、その重みもわかりました。

自分でコンテンツをつくる側になってから、お金を出して購入してくださったお客さんに対して、より価値あるものを提供しなければ、と考えるようにもなりました。会社員のときは、恥ずかしながら、そんな発想さえありませんでした。仕事に対する姿勢も、以前と比べて変わったと思います。

それから、**お金の使い方の基準も変わりました。**

以前は毎月のお給料が限られていたので、できるだけ安くてお得な、という観点でモノを選んでいました。たとえば、新しいコートを買うときに予算が1万円なら、1万円以内のコートだけが目に入っていました。

でもいまは、収入に余裕があることで、**「本当に価値があるか」「本当に欲しいか」**で選べるので、あらゆる価格のコートが目に入ってきます。

もちろん値段が高ければいいわけではありません。でも、10万円のコートには、10万円なりの理由がある。お金を手にして、そのことがよくわかりました。

意外に思われるかもしれませんが、私は**会社員時代よりもムダ遣いが減りました。**独立して、ひとりでお金を稼ぐことの大変さを知ってから、使い道をよく考えるようになったのです。

会社員の当時を振り返ると、いつも「お金がない！」と言いながら、毎週のように飲み会に行って、二次会、三次会……と夜遅くまで遊んでいました。一日で1万円を散財するような生活を、無意識にしていたのです。1万円なら大した金額ではないと思ってしまいますが、「月収の20分の1」と考えると、どうでしょうか。身の丈に合っていないムダ遣いをしていたな、といまでは反省しています。

あのころは、お金のありがたみをわかっていなかったので、ストレスをお金で発散していました。ストレスから解放され、1円の大切さがわかったいまでは、もうこういうお金の使い方はしないと思います。

さらに**時間も、お金で買うことができます。**

たとえば飛行機のチケット。以前は早割や格安航空のチケットを買っていましたが、多くの場合、後から日程や時間の変更、キャンセルができません。でも、大手航空会社や正規のチケットなら、旅行先でもうちょっと滞在したいなと思ったり、急用ができたりしたら、帰りの飛行機の日程をずらすことができます。

新幹線も、グリーン車に乗っています。移動中に仕事をするとき、グリーン車だと隣に人がいることも少なく、作業に集中できて、時間当たりの生産性が上がるからです。

私はよく、**「時間は命の次に大事」**と言っています。失ったお金は取り戻すことができますが、失った時間は、命と同じく、二度と取り戻すことができないからです。お金でより有意義な時間が買えるのなら、どんどん買ったほうがいいと思います。

## 「3000円食べ放題」の楽しさ

私は仕事柄、高級なお店に行くことがあります。でも、たとえば、3000円食べ放題のチェーン店に比べて、ひとり3万円の料亭のほうが10倍楽しい時間を過ごせるかといったら、そんなことはありません。

先日、昔からの友人と、串揚げ食べ放題のお店へ行きました。好きな具材を自分で揚げて食べる、セルフサービスのお店です。気心の知れた友人や、その子どもたちと一緒に、ワイワイ言いながら食べる串揚げは、どれだけ高級な料亭で出される天ぷらよりも美味しく感じました。

**お金はあればあるほど、私たちにたくさんの選択肢を与えてくれますが、その中からどれを選ぶかは自分次第**です。

男性の成功者の中には、一流のモノ以外は認めない、という人もいます。そういう人は、一流のモノ、一流の人に囲まれることで、より高いステージへ上ることができるからだと主張します。

その理屈もわからないではありません。でも、たくさんの人が利用しているモノやサービスを楽しむ気持ちを忘れてしまうと、マーケティング感覚も鈍ると思うのです。世の中でいまどんなことが流行っているのか、みんなが何を求めているのか、どんな悩みを抱えているのか、どんなことに喜びを感じるのか。こうした**「普通」の感覚を持っていないと、ビジネスで収益を増やすことはできません。**

何よりお金だけを価値の基準にする人にはなりたくない。自分にとって、本当に大切なことは何かを考える。そして、本当に大切なことだけにお金を使う。それが、正しいお金の使い方だと思います。

# 人生で本当に大切なこと

## ストレスゼロになってわかったこと

私がいまのビジネスで得たものは、お金だけではありません。大切な人と過ごす時間、心と体の健康。何より、ずっと憧れていた**ストレスフリーな生活スタイルを送れるようになったのが、私にとっていちばん大きなこと**です。

私は会社員時代から、時計のアラームで起きなくていい生活を夢見ていました。寝たいだけ寝る。起きたいときに起きる。

その夢が叶ったいま、起床はだいたい朝10時ごろです。ちょっとゆっくり過ぎるかもしれませんが、これが私のスタイルです。

それから、愛犬と散歩に出かけます。

以前、この時間は、通勤ラッシュの電車に揺られていました。でもいまは、大好きなミニチュアダックスの男の子とのんびり過ごす大切な時間。とてもぜいたくな気持ちになります。ゆっくり外を歩くようになってから、季節の移り変わりにも敏感になりました。春、夏、秋、冬と、変わっていく木の葉の色、花が咲いては散っていく様子、空の高さ、雨や風の匂い……。

家に戻ったら、朝食と昼食を兼ねたブランチです。このように、午前中はゆっくり過ごしています。

食事を終えたら、仕事に取りかかります。といっても、何時間も仕事をするわけではありません。長くても2時間。それ以上は、やらないようにしています。打ち合わせがあるときも、18時までには終えるようにしています。

私はカフェ巡りが好きなので、打ち合わせの合間にカフェへ行くこともあります。会社勤めをしていたころは、仕事中にカフェでパンケーキを食べるなんて、考えられませんでした。ほかにもヨガ教室や、ヘッドスパに行ったり、栄養学の勉強をしたり。好きなことをして、充実した時間を過ごしています。

最近、健康に気を遣うようになったので、夕食はできるだけ家で食べるようにしています。会食があるときも、21時には切り上げて帰ります。

夕食後は、仕事のためにいろんな情報をインプットする時間です。ビジネスに関する動画を見たり、ブログやTwitterの記事のヒントになるような話題を探したり。就寝前は、できるだけリラックスしていたいので、ハーブティーを飲んでゆっくり過ごすようにしています。

就寝は24時ごろ。睡眠時間はたっぷり取っています。

これが、いまの私の毎日です。この話をすると、「全然、仕事してないじゃん」と驚かれます。たしかに、いわゆるデスクワークは、数時間しかしていません。それでも十分過ぎるほどの収入を得ることができています。

打ち合わせが入ったり、取材を受けたり、塾生さんに会いに行ったりすることもありますが、基本的に残りの時間はすべて「自由」です。

生活にゆとりができたせいか、このライフスタイルを始めてから、体調が驚くほど良くなりました。会社員だったころは、2カ月間も風邪が治らず、ずっと微熱が続いもしれませんが、確実にあなたは変わり始めています。

どうか自信を持ってください。

２０１８年、厚生労働省が副業の「原則自由」を打ち出しました。いま社会はまさに副業ブームです。会社に縛られない、フリーランスという働き方も、かなり浸透してきました。

一方、会社はかつてのように、安心・安定・安全を保障するものではなくなりました。会社は、あなたを守ってくれません。リストラ、倒産、思いがけないことも起こります。

老後の不安も高まっています。20年後、30年後、年金がどうなっているかは誰にもわかりません。人生１００年時代、退職後に待っている長い人生を、どう生きればいいのでしょうか。

世の中はいま、大きく変わろうとしています。会社に勤めない働き方や、会社にいながら別の収入を得ることは、当たり前になっていくでしょう。

これをピンチと捉えるか。

それともチャンスと捉えるか。

私はもちろん、チャンスだと思っています。本当に良い時代に生まれたな、と。両親の時代では、あり得ないような生き方が可能になったのですから。

せっかく良い時代に生まれたのですから、あなたもこのチャンスを生かしてください。一歩、踏み出してください。

そのとき、本書でお伝えしたことが少しでも役に立ったなら、これ以上の喜びはありません。


もし何かに迷ったとき、つまずいたときは、私のブログやＳＮＳに遊びにきてください。私はこれからも、積極的に発信を続けていくつもりです。

●無料メールマガジン　http://teamayaka.com/mailmagazine/blog/
●オフィシャルブログ　http://teamayaka.com/
●ＬＩＮＥ@　スマホでＬＩＮＥアプリを開いていただき、「友だち追加」画面より、「@msz5473p（@をお忘れなく）」をＩＤ検索して申請してください。

あなたの伴走者として、力になれたら幸いです。

この本を書くに当たって、多くの方にお世話になりました。メルマガやブログなどの読者のみなさん、家族、友人、私と関わってくださる全てのみなさん、本書制作にご尽力いただきましたみなさん。厚く御礼申し上げます。

そして最後になりますが、この本を最後まで読んでくださった読者のみなさん、本当にありがとうございました。

やりたいことを全部やって、人生を謳歌しているあなたと、いつかどこかでお会いできる日を楽しみにしています。

米山彩香

2019年3月

## 米山彩香（よねやま・あやか）

1987年生まれ、千葉県出身。女性起業ビジネスプロデューサー。

理系大学卒業後、大手電機メーカーに就職。会社員として働きつつ、大学院に通いながら、弁理士を目指すも挫折。その後も、転職を繰り返す。昼休みの30分から副業を始めたところ、わずか1カ月で会社員の月収を超える。それがきっかけで会社を退職し、起業。事務所・従業員なしで、独立1年目から億単位の収益をあげる。現在は、1日実働2時間で、ゆるく、楽しく、気ままに毎日を過ごし、好きなときに、海外旅行を楽しむ生活を送っている。今後は、女性の起業サポートに力を入れていく予定。




# やりたいことを全部やってみる
## ストレスフリーな生き方を叶える方法


2019年5月24日　初版発行
2019年6月3日　2刷発行

著　者　米山彩香
発行者　野村直克
発行所　総合法令出版株式会社
〒103-0001 東京都中央区日本橋小伝馬町15-18
ユニゾ小伝馬町ビル9階
電話　03-5623-5121
印刷・製本　中央精版印刷株式会社




ISBN 978-4-86280-681-9
総合法令出版ホームページ　http://www.horei.com/